> ヒューマン・サービスにおける

グループインタビュー法

科学的根拠に基づく質的研究法の展開

安梅勅江 著

Focus Group
INTER-
VIEW

医歯薬出版株式会社

This book was originally published in Japanese
under the title of：

HYUMAN SABISU-NI OKERU GURUPU INTABYU HOU — KAGAKUTEKIKONKYO-NI MOTOZUKU SHITSUTEKIKENKYUHOU-NO TENKAI

(Focus Group Interview in Human Services — Evidence Based Qualitative Approach)

ANME, Tokie, Ph. D.
   Professor, International Community Care & Life-Span Development, Graduate School of
   Comprehensive Human Sciences, University of Tsukuba

© 2001   1st ed.

ISHIYAKU PUBLISHERS, INC.
   7-10, Honkomagome 1 chome, Bunkyo-ku,
   Tokyo 113-8612, Japan

　健康日本21，介護保険計画，ユニバーサルデザインの街づくりなど，ヒューマン・サービスの領域において，「住民自身の声を反映させる」質的な研究法へのニーズが高まっている．アンケート調査などの「量的な方法」と，グループインタビューなどの「質的な方法」の両方を一緒に行い，複数の側面からとらえることで，より精度の高い，ニーズに合致した情報の把握が可能となる．

　本書は，「グループインタビュー法の理論と実際」（川島書店）の続編ともいえるものである．前書は，グループインタビューの「全体的な概要」と「多様な適用事例の紹介」を中心とし，本書は特に「分析」に焦点を当てた．より多くの人が，科学的な根拠となる「質的な研究技術」としてグループインタビュー法を活用できるよう，「具体的な分析方法」を整理した．合わせて活用いただければ幸いである．

　グループインタビュー法は，もともと米国のマーケッティングの分野で1940年代に生まれた．クルト・レヴィンのグループダイナミクス理論を背景に，その後さまざまな分野で活用されるに至っている．欧米の多くの大学では，グループインタビュー技術の習得をカリキュラムに取り入れ，ヒューマンサービスのプロ技術の1つとして位置づけている．

　一方日本では，ヒューマンサービス領域で1970年代頃よりグループインタビュー法が用いられたものの，いまだ必ずしも技術が普及しておらず，十分に活用されているとは言いがたい状況である．

　すべての技術と同様，グループインタビュー法の活用には「コツ」がある．どのような形で活用することがより情報の精度を高め，有効な成果を得ることができるのか，本書では理論と実践に基づきわかりやすく解説した．

　本書の構成は，次のように大きく4部に分かれる．

　第1部はグループインタビュー法の概要である．「第1章　グループインタビュー法とは」，「第2章　グループインタビューの方法」でグループインタビュー法の全体像について紹介した．

　第2部はグループインタビューの分析法である．「第3章　グループインタビュー分析とは」，「第4章　分析のコツ」「第5章　分析の焦点」，

「第6章　分析の過程」,「第7章　分析の種類」,「第8章　分析のホップ・ステップ・ジャンプ」で,グループインタビュー法の分析について,具体的な着目点をあげて整理した.

　第3部はグループインタビュー法実施の押さえどころである.「第9章　グループインタビューについてのよくある質問」,「第10章　グループインタビューの分析についてのよくある質問」で,グループインタビュー法に関するさまざまな質問について整理し,「おわりに　グループインタビューを有効に活用するために」では今後の方向性を示した.

　第4部は,実際に活用する場合のモデル例である,グループインタビューの企画から報告にいたる具体例として,「健康日本21」のためのグループインタビューの実際例を掲載した.

　本書が,ヒューマンサービスに携わるすべての専門職,研究職,行政職,教育職,学生にとって,グループインタビュー法をひとつの「ワザ」として活用する一助となることを大いに期待するものである.

平成13年9月　**安梅　勅江**

謝辞

　日本のヒューマンサービス領域におけるグループインタビュー法の活用は，著者の恩師　高山忠雄先生（鹿児島国際大学名誉教授）が，1970年代より開始しています．当時，身体の不自由な人びとの「なまの声」を体系的に整理できる質的な情報把握の方法として，数多くの成果をあげました．著者は先生にご指導をいただきながら，幅広い領域の研究にグループインタビュー法を活用し，発展させてきたものです．先生に心から感謝いたします．

　また，平山宗宏先生（東京大学名誉教授）には，さまざまな場面でグループインタビューを発展させる機会をいただき深謝いたします．

　さらに，グループインタビュー法を共に活用しつつ，研究を重ねてきた石井享子氏，清水洋子氏，山本隆之氏，原田亮子氏，澤田優子氏，渡辺多恵子氏，田中笑子氏，冨崎悦子氏，栃木県・岡山県・北九州市・仙台市・川崎市・浜松市・飛島村の職員の皆さまに御礼申し上げます．

　本書の出版には，医歯薬出版の担当者にハイセンスなご助言をいただき，大変お世話になりました．厚く御礼申し上げます．

　最後に，いつも影ながら支えてくれた両親と家族にこの場を借りて感謝します．

平成13年9月　安梅　勅江

ヒューマン・サービスにおける **グループインタビュー法** ── CONTENTS

Chapter-1 グループインタビュー法とは ……………………………… 1
1. グループインタビュー法の定義 ………………………………………… 1
2. グループダイナミクスとは ……………………………………………… 2
3. グループインタビュー法の目的 ………………………………………… 3
4. グループインタビュー法の特徴 ………………………………………… 4
5. グループインタビュー法の理論的な展開 ……………………………… 10

Chapter-2 グループインタビューの方法 …………………………… 13
1. グループインタビューの設定 …………………………………………… 13
2. グループインタビューの過程 …………………………………………… 15
3. グループインタビュー実施にあたっての準備 ………………………… 22
4. グループインタビューの依頼の仕方 …………………………………… 23
5. インタビュアーの役割のポイント ……………………………………… 24
6. インタビュアーの注意点 ………………………………………………… 26
7. インタビュアーのアシスタント，記録者，観察者の役割 …………… 28

Chapter-3 グループインタビュー法の分析とは …………………… 33
1. 科学的な分析とは－妥当性と信頼性－ ………………………………… 33
    column 妥当性と信頼性について ……………………………………… 33
2. グループインタビュー法の分析の視点 ………………………………… 39

Chapter-4 分析のコツ ………………………………………………… 41
1. 目的：目的は何か？ ……………………………………………………… 41
2. 到達点：どこまで明らかにしたいか？ ………………………………… 42
3. 提供対象：だれに何を訴えたいか？ …………………………………… 42
4. 強調点：どこに注目するか？ …………………………………………… 43
5. 活用法：実践のどこに生きてくるか？ ………………………………… 43
6. 他の可能性：他の方法はないか？ ……………………………………… 44

Chapter-5 分析の焦点 ………………………………………………… 45
1. 内　容 ……………………………………………………………………… 45
2. 表　現 ……………………………………………………………………… 46
3. 流　れ ……………………………………………………………………… 46
4. 内部一貫性 ………………………………………………………………… 47
5. 頻　度 ……………………………………………………………………… 48
6. 範　囲 ……………………………………………………………………… 48
7. 強烈さ ……………………………………………………………………… 48
8. 特異性 ……………………………………………………………………… 49
9. 表現されなかったこと …………………………………………………… 49
10. 新しいアイディア ………………………………………………………… 49

Chapter-6 分析の過程 ………………………………………………… 50
1. 研究デザインの段階 ……………………………………………………… 50
2. 報告デザインの段階 ……………………………………………………… 51
3. インタビューガイド作成の段階 ………………………………………… 51
4. インタビュー方法決定の段階 …………………………………………… 51

- ❺インタビューの段階 ……………………………………52
- ❻単純な記述の段階 ………………………………………53
- ❼体系的な記述の段階 ……………………………………53
- ❽次のインタビュー実施の段階 …………………………56
- ❾複数インタビューの複合分析の段階 …………………56
- ❿報告作成の段階 …………………………………………57

Chapter-7 分析の具体的方法 ……………………………58
- ❶記述分析法 ………………………………………………58
- ❷内容分析法 ………………………………………………59
- ❸要旨分析法 ………………………………………………60
- ❹関係分析法 ………………………………………………61
- ❺非言語コミュニケーション分析法 ……………………61

Chapter-8 分析の具体例 ……………………………………62
- ❶グループインタビュー実施時の記録 …………………62
- ❷一次分析 …………………………………………………62
- ❸二次分析 …………………………………………………63

Chapter-9 グループインタビューについてよくある質問 ……64
- ❶科学的といえるか ………………………………………64
- ❷主観的ではないか ………………………………………65
- ❸妥当性はあるのか ………………………………………66
- ❹代表性はあるのか ………………………………………67
- ❺偏りはないのか …………………………………………68

Chapter-10 グループインタビューの分析についてのよくある質問 ……69
- ❶どうやって情報をつかむのか …………………………69
- ❷質問項目ごとに分析するのか，テーマに沿って分析するのか ……70
- ❸表情などの非言語コミュニケーションをどう取り込んだらいいのか ……71
- ❹どれぐらいの数のグループが必要なのか ……………72
- ❺主題から外れた内容についても整理しなければならないのか ……73
- ❻情報の一部を無視してもいいのか ……………………74
- ❼本当はだれがグループインタビューの分析を担当するのがいいのか ……75
- ❽インタビューの結果をどう生かせばいいのか ………76

おわりに ………………………………………………………77
参考文献 ………………………………………………………78

付録
インタビューガイド …………………………………………84
逐語記録，観察記録，分析シート …………………………85
完成報告書 ……………………………………………………112

索引 ……………………………………………………………127

Chapter-1 グループインタビュー法とは

1 グループインタビュー法の定義

　グループインタビュー法とは，グループダイナミクスを用いて質的に情報把握を行う科学的な方法論の1つである．複数の人間のダイナミックなかかわりによって生まれる情報を，系統的に整理して「科学的な根拠」として用いるものである．したがって，グループインタビューでは，「なまの声そのままの情報」を生かすことができ，量的な調査では得られない「深みのある情報」と，単独インタビューでは得られない「積み上げられた情報」，「幅広い情報」，「ダイナミックな情報」を得ることが可能となる．

　つまり，グループインタビューの特徴は，以下の4点である．

1. 日常生活の延長線上での「現実そのまま」の情報に接近できる．
2. 「メンバーを主体」とした質的な情報把握である．
3. グループダイナミクスに基づく「情報の引出し」が可能となる．
4. メンバーの「行為」（言語的，非言語的なものを含む）と，その行為に意味を与える「背景状況」（属性，生活歴など）の両方を把握できる．

● グループインタビューから得られる情報の特性　「なまの声そのままの情報」
　　　　　　　　　　　　　　　　　　　　　　　「深みのある情報」
　　　　　　　　　　　　　　　　　　　　　　　「積み上げられた情報」
　　　　　　　　　　　　　　　　　　　　　　　「幅広い情報」
　　　　　　　　　　　　　　　　　　　　　　　「ダイナミックな情報」

● これからのサービスの大黒柱

2 グループダイナミクスとは

グループダイナミクスは，クルト・レヴィンにより1939年に「場の理論」として提唱された考え方で，集団の力学的な性質および変化を観察することにより，理論化と実践を図るものである．

グループダイナミクスの3要素は以下のとおりである．

1. 個人（intrapersonal）

グループメンバーひとりひとりの性別，年齢，職業などの属性，身体的な特性，精神状況など．

2. 個人間（interpersonal）

グループメンバー同士の関係性．具体的には，メンバーの間に起こる，仲間意識，同一性，競合，葛藤，リーダーシップなど．

3. 環境（environment）

ひとりひとりのメンバーのグループ全体との関係性．具体的には，メンバーのグループへの参加の状況，インタビュアーとメンバーのラポール（信頼関係）の度合いなど．

図1　グループダイナミクスの構成

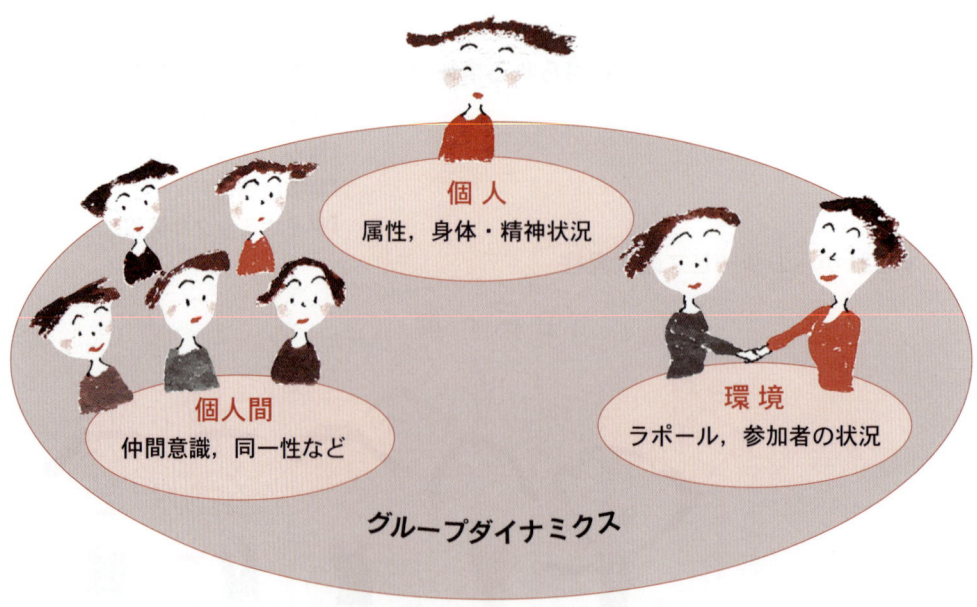

③ グループインタビュー法の目的

　質的な研究の方法として，グループインタビュー法はきわめて有効なものの1つである．

　グループインタビュー法はさまざまな目的で利用することができる．特にヒューマンサービスの領域で意味深いのは，対象者の「なまの声」を直接反映できる点である．利用者の主体的な参加や，セルフケアの重要性が強く求められるなか，グループインタビューによる情報の把握は，今後ますます活用が期待される方法であるといえよう（拙著「エンパワメントのケア科学」参照）．

　グループインタビューを用いる目的を大きく整理すると，以下のようなものが考えられる．

1. 関係者の「なまの声」を体系的に整理する
2. 関心テーマの背景にある潜在的・顕在的な情報を把握する
3. 質的なアプローチを用いて，さらなる研究のための仮説を立てる
4. 新しい考え方や概念，やり方や解決の方法を創造する
5. 新しいプログラム，サービスなどの基本的な課題を明らかにする
6. 関心のあるプログラム，サービス，機関などについて，関係者の印象を明らかにする
7. 関係者がどのようなニーズ・意見をもっているかを明らかにする
8. 質的または量的な研究に必要な質問項目や調査項目を引き出す
9. 質的または量的な研究に用いた項目の適切性，妥当性について明らかにする
10. 既存のプログラムを評価する　　など

情報の把握
「なまの声」
背景情報
ニーズの把握

情報の整理
仮説の設定
問題の整理

情報の創造
新しい考え・概念
新しい方法
調査項目の抽出

情報の改訂
印象の把握
課題の明確化
調査項目の確認

グループインタビューの活用

❹ グループインタビュー法の特徴

　グループインタビュー法の特徴は，他の方法と比較することでより鮮明にすることができる．

　そもそも，「データ」には2つの種類がある．

　「エミック　emic」といわれるデータは「対象に近い視点」で，出てきたデータをそのまま使うものである．

　一方，「エティック　etic」といわれるデータは「提供者に近い視点」で，データを何らかの形で加工して，たとえば○×で回答したものを数字に変換して入力するなどして使うものである．

　多くの場合，質的な方法により得られた情報は，「エミック・データ」であり，量的な方法により得られたものは「エティック・データ」である．

　ここで強調しておきたいのは，この**「両方の側面から情報を把握することが極めて重要」**，ということである．科学的な根拠のある証拠ということで，統計を用いて「有意水準5％で有意差がみられた」という形のエティック・データの報告が氾濫している．しかし，サンプリング（対象の選び方），調査方法，分析方法などが実は不適切で，結果が誤りだったり，誤解を招きかねない量的な研究成果は少なくないのである．間違った数字がひとり歩きしないとも限らない．

　そこでエミック・データの出番である．加工された数字の魔物（エティック・データ）からは読み取れない，生活者のなまの姿，なまの声を間近にとらえ，両者を掛け合わせることで，さらに精度の高い情報とすることができる（拙著「コミュニティ・エンパワメントの技法」参照）．

また，社会調査法と比較すると，グループインタビュー法には以下のようなメリットがある．

1．調査期間が短期ですむ

社会調査法では，問題領域の設定から調査票の作成，調査票の配布，分析，報告に至るまで，少なくとも数カ月の時間を必要とするのが一般的である．

グループインタビュー法を用いると，実施するグループの数にも依存するが，1つのグループについて対象者の選定，メンバーの召集，実施，分析，報告にかかる時間は，社会調査法に比較すると短くてすむものである．

2．調査費用が安価ですむ

大量データを扱う社会調査法では，郵送料，データの入力費用，データの加工料などに多額の費用のかかる場合が多い．

一方，グループインタビュー法では，案内通知の郵送料，参加者の謝礼，茶菓などに費用がかかるものの，逐語記録の作成，分析，報告にグループインタビュー担当者自身がかかわる場合は，人件費を節約できる．しかしすべての過程を，専門のグループインタビュー実施会社に依頼する場合は，人件費が生じ，必ずしも安価で収まるとは限らない．

3．担当者や研究者が対象者と直接かかわる

グループインタビュー法の最大のメリットの1つとして，担当者や研究者が，対象者に直接かかわる点があげられる．面と向かった対象者の，「ありのままの表現」を受け止め，今後のサービスや研究に効果的に生かすことができる．

4．非言語的反応を観察による把握が可能である

言語的な表現はもとより，訴え方，表情や身振り，話の流れなど，非言語的な表現から，幅広く奥深い，より真のニーズに近い情報と背景要因の把握ができる．

5．メンバーの意見の積み上げが可能である

グループダイナミクスに裏づけられた意見の引き出しと蓄積ができる．

さらに，個別面接法と比較すると，グループインタビュー法には以下のようなメリットがある．

1. グループとして意見を構築できる
個人としての意見ではなく，参加メンバーすべての協働の作業の結果として，さまざまな角度から検討された意見を構築することができる．

2. 相互作用による意見の引き出しができる
グループダイナミクスが生じ，お互いのやりとりのなかで，自分自身でも気付かなかった点が見えてきたり，解決の方法を新たに見いだしたりし，潜在的な意見まで引き出すことができる．

3. 相互刺激がある
参加メンバーがお互いに関心テーマについて顔を付き合わせ，意見を交換することで，言語的にも非言語的にも刺激しあって，新たなものを生み出す促進剤となる．

4. 3人寄れば文殊の知恵
個別に面接するよりも，他のメンバーの意見や態度に刺激されて，より有効な意見や新しい考え方が出やすくなる．

5. プレッシャーが少ない
ひとりではなかなか自発的な発言が難しい場合も，グループインタビューで一緒に参加しているメンバーの発言を聞き，それに相づちを打ったり，追加で意見を述べたりすることで，個別面接法よりも楽な気持ちで表現することができる．

6. 自発的な発言を引き出す
1対1で面接するよりも，同じグループメンバーの発言により討論が活発化すると，自発的な発言が促される．

7. 専門性が高い
グループダイナミクスを利用しながら，自発的な情報の発信を促進したり，得られた言語的・非言語的な情報を体系的に整理したりするグループインタビュー法は，一定の技術を必要とする点で，個別面接法と比較してさらに専門性が必要とされる．

8. 科学性が高い（密室性低）

複数の担当者により実施，分析，報告されるグループインタビュー法は，多くの場合ひとりでこれらの過程を行う個別面接法よりも密室性が低い点で，客観性を保持しやすく，科学性が高いといえる．

9. 構造的である

グループインタビュー法では，インタビューガイドを作成し，おおよそどのような点についてグループダイナミクスを起こすか，あらかじめ半構成的に設定しておく．客観的な分析を行うため，討論の方法やルールについて，あらかじめメンバーの間で了解し，共有しておく．

10. 早い

グループインタビュー法を用いて，10人を一堂に会して実施すれば，個別面接法に比較して時間の短縮になる．

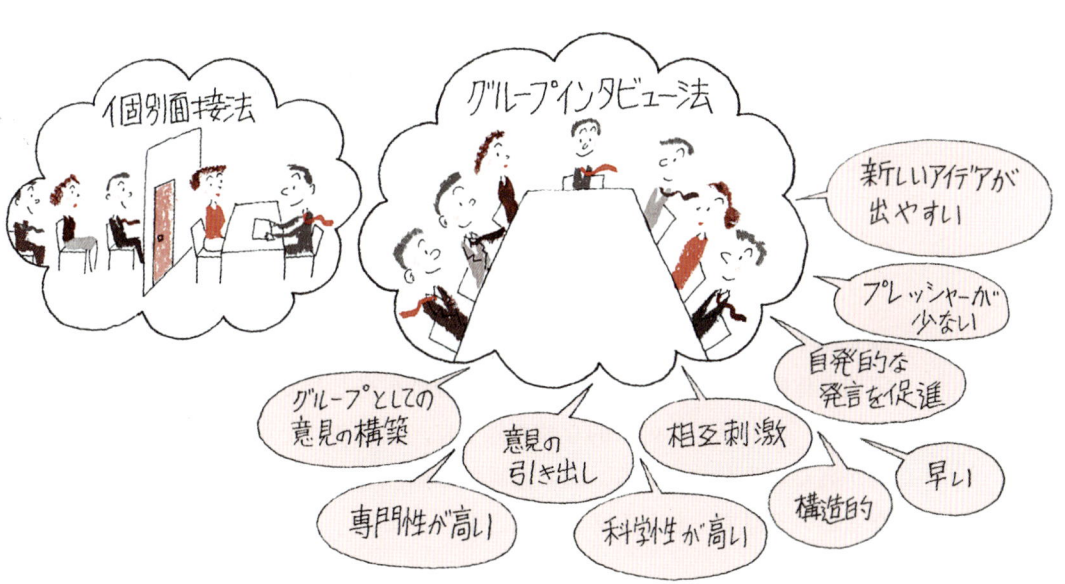

一方，グループインタビュー法にもさまざまな限界がある．しかしそれらの限界は，インタビュアーの技術の向上や，参加メンバーの選び方などにより，ほとんど解決できるものである．

1. サンプル・バイアスが生じやすい

グループインタビューは，少ない人数に対する情報把握であるために，参加メンバーの選び方によって，バイアスが生じやすい（サンプル・バイアス）．

これをできるだけ避けるためには，①どのような目的でグループインタビューを行うのかを明確にすること，②最も有効な質的データの得られる対象の定義づけを行うこと，③全体のなかでどのような特徴をもつメンバーを選んだのか，客観的に説明ができるようにしておくこと，などのメンバー選択の段階での工夫が重要である．

2. 他者の意見に引きずられることがある

グループインタビューは，グループの参加メンバーによる討論の形をとるため，特定の声の大きいメンバーに引きずられることがありうる．また依存性の高いメンバーの場合には，自らの意見を述べるよりも，他のだれかの意見にただ従うだけ，という状態も生じうる．

これらを予防するためには，インタビュアーは初期の段階で，話の流れから参加メンバーのパーソナリティ特性を把握し，割り振りの順番，方法などを工夫する必要がある．インタビュアーの面接技術の向上により，容易に予防が可能である．

3. 実施主体側に意見に対する対応の責任性が高い

これは調査において対象者に必ず結果を報告しフィードバックする，という最も基本的なことである．グループインタビューは，対象者をメンバーとし，実施主体側がインタビュアーあるいは分析担当として，面と向かって話をするために，顔の見えない量的な調査以上に，表現された意見に対する対応の責任制が高くなるものである．ある意味では当然であり，当事者との連携が容易になるという点で，むしろメリットとも言えよう．

4. 分析困難もありうる

グループ間のダイナミクス，あるいはインタビュアーなどの与えるバイアスにより，話の内容や非言語的な表現をそのまま分析することが困難となる場合がある．

たとえば，メンバー間に強力な利害が生じ，たてまえだけの話に終始してし

まったり，メンバー同士が同様な体験に対し強度に共感してグループ全体が情緒的に不安定になってしまったりすることなどがある．これらを予防するには，サンプリングの段階で，利害関係のあるメンバーが共に参加する状況を極力避けることや，情緒的な反応を避けるため，インタビューの内容を工夫することなどが有効である．

　これらはインタビュアーの技術や設定の方法でカバーできるものである．

5 グループインタビュー法の理論的な展開

　グループインタビュー法は，人と人とのかかわりに関する数多くの理論に基づいて開発された方法である．ここでは，重要なもののみを整理しておく．
　まず，パーソナリティ理論からは，グループインタビューに参加しているひとりひとりのメンバーについて，コミュニケーションのダイナミクスを分析するときに把握する必要のある「パーソナリティ特性」として，以下の5点があげられている．

1. **他者からの影響の受けやすさ**
   意見の述べ方，他者への反応など

2. **他者に対する敏感性**
   他者の反応を読み取ったり，意義づけする能力など

3. **自己主張の程度**
   自らの考え方をどの程度集団のなかで強調するかなど

4. **依存性**
   自己像，能力，態度の一貫性等複数の次元にわたる依存性など

5. **情緒的安定性**
   葛藤が起こった際の情緒的安定性など

また，グループダイナミクス理論からは，グループダイナミクスへの影響要因として，以下の2点があげられている．

1. 適合性 compatible
どれだけ他のメンバーや，グループ全体の動きに適合しているか．グループの一員としての意識の強さ，同調や反駁の強さなど．

2. 他者への影響力 social power
メンバーの一員として，他のメンバーへの影響力を意識し，他のメンバーを動かそうとかかわるのか，逆に自ら動かそうとはせず，長いものには巻かれろ的に振舞うのかなど．

さらに，グループダイナミクス理論から，グループインタビューの進行に関連する4つの要素として，以下の4点があげられている．

1. 集団凝集性
集団凝集性とは，グループインタビューに参加しているメンバー個々人をグループ内にとどめるすべての力をさす．
その内容としては，
1) グループを去ることに抵抗感をおぼえるなど，グループに対する魅力
2) グループメンバーとしてのモラール（士気），自覚
3) グループの努力への協力
などがある．

2. 調和性
調和性とは，グループのなかでメンバーの性格や背景が類似していること．調和性は，グループインタビューの参加への満足や，安心感につながるものである．

3. 社会的な影響性
社会的な影響性とは，参加メンバー相互の影響度のバランスをさす．インタビュアーは，特定の「声高き者」に全体が大きく影響されることのないよう，逆に全く発言しないメンバーがいなくなるように，発言の機会などを調整する．

4．非言語的な表現

　非言語的な表現とは，グループメンバーが示す表情，身ぶり，反応などをさす．

　具体的には以下の3つの種類がある．

1. メンバー間の関係に関するもの（友情，同意，好意など）
2. だれかが発した意見に対する反応
3. 対話の同調，笑い，姿勢など

　これらの非言語的な反応の記録の仕方については，31, 32頁を参照されたい．

グループインタビューの方法

1 グループインタビューの設定

　グループインタビューを実施するときは，最低でもインタビュアー，筆記記録者，観察担当者各1名の3名が携わる．場合によっては専門の内容を担当するサブインタビュアー，アシスタント，筆記記録者や観察担当者が2名などの状態もありうる．

1) 司会者：インタビュアー1名（サブインタビュアー　1名）
2) 記録者：筆記記録，観察担当者　各1名（録音担当，映像担当者　各1名）
3) インタビュー対象者：通常6～12名
4) 所用時間：1時間半～2時間半
5) 場所要件：静かな個室，録音映像記録設備（ビデオを利用する場合2台で全員の表情を写すようにする）

図1　グループインタビューの実際

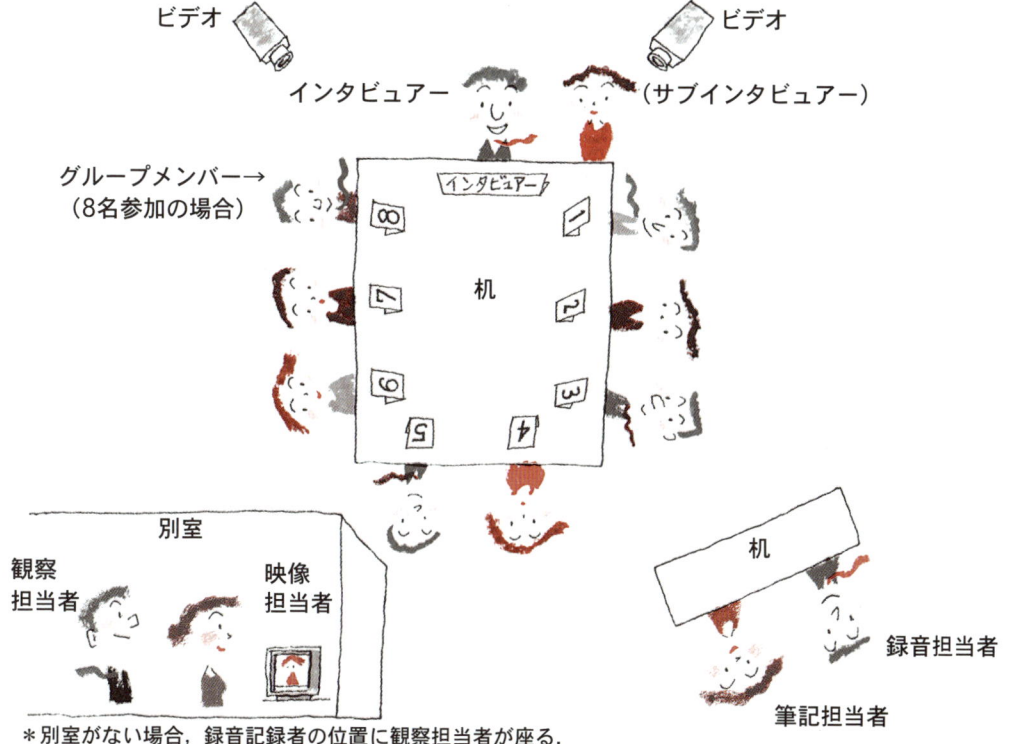

＊別室がない場合，録音記録者の位置に観察担当者が座る．

グループインタビュー法の進め方にはさまざまな方法があるが，著者らは「番号札」を名前の代わりとして使う方法を多く用いている．これは，メンバーの名前が表に出ないことを保証するため発言に安心感を与えるとともに，知らない者同士が名前を記憶しなくても討論できる点で有効である．米国などではお互いのファーストネーム（名前）を呼び合うことが親近感をもたらしてよい，としている．日本の文化背景や，参加メンバーの特性を考えながら，「活発なグループダイナミクスが促進される方法」を選択するとよい．

　なお，グループインタビュー法の調査を実施する場合にかかる経費としては，以下のようなものがある．

1. 参加メンバー謝金・交通費
2. インタビュアー謝金・交通費
3. 記録担当者謝金・交通費
4. 会議費（茶菓代）
5. 会場費
6. 器材費（録音，映像機器等）
7. 消耗品費（テープ，ビデオカセット等）
8. 賃金（テープおこし費，場面報告作成費）
9. 結果分析謝金
10. 報告書作成謝金

グループインタビューの過程

インタビューの手順は，大きく以下の7つの段階を経て実施される．

1. 導入
2. グループインタビューの目的の説明
3. グループインタビューの方法の説明
4. 具体的で答えやすい質問で開始
5. グループダイナミクスが起こりやすいように道案内としての役割
6. 次への発展につながるように要約
7. メンバーが意義ある役割を果たしてくれたことへの感謝

これら各々の段階でのチェック事項を整理すると以下のとおりである．

1. 導　入

「始めよければ終わりよし」である．多くの場合，集まったメンバーは初めての経験に緊張している．いかに最初に好感度の高い印象を与え，和ませ，ほどよく緊張をとくかがポイントとなる．インタビュアーは礼儀正しく，威圧的でなく親切丁寧であることは言うまでもない．

インタビュアーは，その場の討論を取り仕切る特別な役割としてではなく，いざというときの道案内的な役割に徹するようにする．メンバーと同じ視点に立って，「一緒に考えていきましょう」という姿勢がメンバーに伝わるようにすると，うまくいく場合が多い．

具体的には以下のとおりである．

1) 集まってくれたことへのお礼と歓迎の挨拶．
2) 自己紹介は笑顔で簡潔に．所属と名前程度でよい．
3) 実施主体とインタビュアーの立場を説明．「○○より△△の役割をおおせつかりました」など．

2. グループインタビューの目的の説明

　グループインタビューの目的を明確に示すことは，その後の討論を意義あるものにするためにきわめて重要なプロセスである．わかりやすい表現を用い，何について，どのように討論すればいいのか説明する．その際には，「話し合っていただく内容は3点あります」などと，目的に沿ってテーマを3つほどあげ，討論の焦点が絞りやすいよう工夫するとよい．

　目的をすべてのメンバーが誤解なく把握できたか，メンバーの表情や反応から確認するようにする．

　さらに，この段階では，参加メンバーをいかに「やる気にさせるか」が重要なポイントとなる．このグループインタビューに参加し，発言することがどのように生きてくるのか，意義深いのかを，きちんと伝えるようにする．

　具体的には以下のとおりである．

1) 目的は具体的に明確に示す．
2) だれが何の目的で実施しているのかを明確に説明する．
3) 目的の前提となる背景，言葉の定義などはわかりやすい言葉で説明し，皆が共有できるようにする．ただし，その後のインタビューにバイアスを与えるような，情報の提供しすぎを避けること．簡潔に要点が伝わればよい．
4) メンバーが意見を述べることの意義を確認できるような内容にする．「実際に利用する方からご意見をいただいて，サービスに反映させていきます」など
5) メンバーのグループインタビューへの参加意識を高めて，動機づけする内容になるよう工夫する．「いただいたご意見を，どんどん施策に取り込んでいきます」など．

3. グループインタビューの方法の説明

多くの場合，参加メンバーはグループインタビュー法に接するのは初めてである．「いただいた意見を科学的な方法で分析して，最大限生かしていくため」と理由をはっきり述べる．

特に強調したいのは，話し合いの内容について，「間違っている意見などはなく，賛成，反対を含めてさまざまな意見を集めることが目的である」ことを，メンバー全員に十分に伝えることである．

また，話し合いの方法として，番号札で呼び合い，名前は表に出ないなどの操作的なことを，わかりやすく説明する．必ず最後に十分に理解したことを確認する．

具体的には以下のとおりである．

1) グループインタビュー法は科学的な情報把握の方法であることを説明．
2) やり方の具体的な説明．名札を使う場合は「1番ですが，3番の意見に対して」など，自由に言いたいことを言ってよいことを説明．
3) 間違っている意見などはなく，賛成意見，反対意見を含め，さまざまな意見を集めたいという趣旨を十分に伝えること．
4) 記録のためにビデオをとることの了承を得る．「皆さんからいただいた貴重なご意見を，漏らさず参考にするため記録をとらせていただきたいと存じます．分析のためだけに使い，分析が終わったら完全に消します．名前が外に出て責任が問われることは絶対にありません」と強調する．
5) 「およそ○時間ほどいただいて，話し合いします」というようにかかる時間の目安を提示．時間は特別な場合（時間がきてもメンバーは疲労せず，活発な討論が継続し，時間的にも余裕のある状態など）を除いては，最初に述べた時間を極力守ること．
6) 最後に，進め方について質問があるかどうか，必ず尋ねる．全員がグループインタビューのやり方を理解したことを確認して次に進む．

4. 具体的で答えやすい質問で開始

　面と向かって最初に問いかけられる質問により，参加メンバーの緊張は最も高まる場合が多い．最初の質問は，できるだけ答えやすい，わかりやすいものとし，緊張をほぐすことが重要である．自らの体験をそのまま語るなど，特に考えをまとめたり，提案したりする必要のない質問項目を用いるとよい．

　最初の質問に対する緊張は，強さに個人差はあるものの，どのメンバーでも同じようにあるものである．ひとりのメンバーが発言している間に，他のメンバーがどのような動きをしているのか，さりげなく観察し，興味や緊張の度合いや，人の話を聞くときの特徴を把握する．その情報を用いて，メンバー間の自発的な発言が一区切りついた段階で，次にだれに話題をふるのかの参考にすることができる．

　具体的には以下のとおりである．

1) メンバーの緊張が強い場合は，具体的な「体験」などに関する質問を，自己紹介を兼ねて一巡して語ってもらうのもよい．
2) 「いかがでしょうか」「ご意見は」という聞き方はなるべく避け，具体的な経験上のことを話の流れにあわせて問いかけるとよい．
3) メンバーをリラックスさせるための工夫（ユーモアなど）を盛り込むとよい．
4) 自ら語ることが意味のあることだと認識してもらう工夫．「みなさんにいただく1つ1つのご意見が，よりよいサービスに生きていきます」など．

5. グループダイナミクスが起こりやすいように道案内としての役割

グループインタビューにおいては，できるだけメンバーの「自発的な発言」を多く引き出すよう工夫する．これを「グループダイナミクスを促進する」という．インタビュアーの役割はあくまでも「話し合いの促進者」，「道案内」であり，「誘導者」ではないことを肝に銘じておく．

「話し合いの促進者」としての役割を最大限に発揮するため，インタビュアーはメンバーの話を「じっくりと聴く」姿勢をとり，関心をもっていることがメンバーに十分伝わるようにする．

また必要に応じて，メンバーの発言内容が意味深いことをフィードバックし，さらに積極的な発言を促し，メンバー全体のグループダイナミクスが活発化するように工夫する．

具体的には以下のとおりである．

1) メンバーが自ら「語りたい」という気持ちにさせるよう配慮する．
2) メンバーの自発的な発言を促すような動機づけをする．たとえば，「経験が不足で」とメンバーが述べた場合，「フレッシュな目でみていただいている場合は，」と翻訳したり，「力強いご意見をいただき」など，メンバーの発言を促進する形容詞を工夫する．
3) メンバーの発言1つ1つが意味深いことを「なるほど」という納得のしぐさなど態度で示し，「しっかり聞いてくれている」という印象をメンバーに与える．
4) 発言メンバーの話をうなずきながら聞くとともに，他のメンバーの反応を同時に把握し，身を乗り出すなど，興味をもっていそうなメンバーに次の発言を振る準備をする．
5) 発言メンバーに対して，他のメンバーがどのような態度で聞いているかをさりげなく観察し，グループ全体の意見かそうでないかを読み取る．
6) まだ出てこない論点について，話の流れから汲み取ったような形で導入する．

6. 次への発展につながるように要約

　目的に沿って焦点を絞るためにあげたテーマごとに，次のテーマに移るときにはそれまでの討論の内容を簡潔に要約する．また，すべてのテーマについて話し合った最後の時点でも，全体を見渡した形で要約する．

　各々のテーマに関する要約のポイントは，あくまでも次のテーマへの発展につなげるということである．したがって，できるだけ簡潔に，次のテーマにつながる内容に焦点を当ててまとめればよい．

　最後の時点での要約には，各々のテーマに関する要約を総括したものに加え，今後の展開の方向性を含めるようにする．グループインタビューで得られた成果が次の発展につながり，十分に生かされることをきちんとメンバーに伝える必要がある．

　具体的には以下のとおりである．

1) 要約は簡潔に要領よく．
2) 各々のテーマに関する要約の目的は，次のテーマへの発展につながることである．したがって，出された内容のすべてを体系的に整理するよりも，次のテーマに発展する必要性のある話題に絞ってまとめる．「今後展開が期待されるポイントとして○，○，○の3点があげられました．そこでその点について解決法をさぐると・・・」などとつなげていくとよい．
3) 最後の時点での要約の目的は，参加メンバーが話し合いの成果を確認しあい，了解することである．メンバーの全員が合意した内容は，できるだけ抜け漏れなく盛り込むようにする．
4) 要約した後に，さらに加える必要のある内容はないか尋ねる．できれば具体的な展開の方向性と共に示すとよい．「これらを報告書としてまとめて提出し，よりよいサービスに役立てていきます」などと結ぶ．

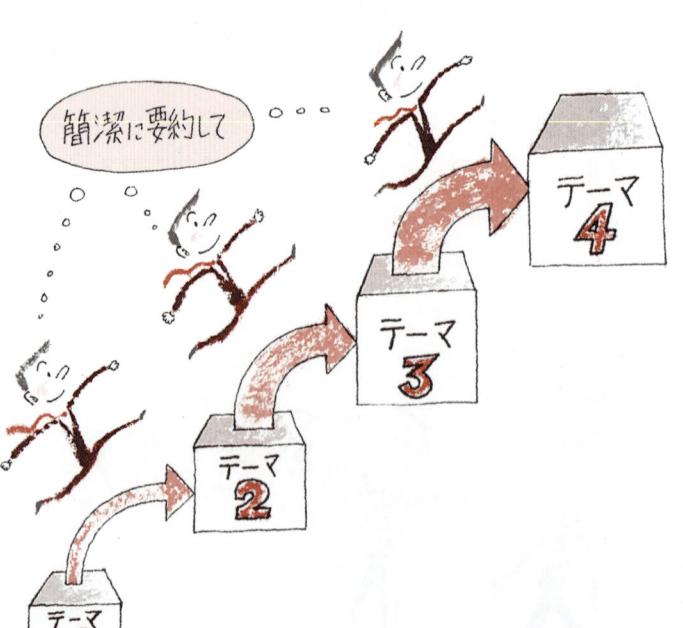

7. メンバーが意義ある役割を果たしてくれたことへの感謝

　グループインタビュー法の最後の締めは，グループメンバーが，「参加してよかった」という印象をもって終了する工夫である．この頃になるとずいぶん緊張が解け，自由に発言する雰囲気となっている場合が多い．もう少し発言したい，という気持ちを残す場合は，「このような機会をぜひこれからもつくっていくよう報告します」と伝えてもよい．

　討論された意見が今後の展開に生かされるという満足が得られるよう，協力への感謝を含め，意義深い討論であったことをきちんと説明する．

　さらに，言い足りなかった内容を伝える問い合わせ先や，後日追加して尋ねる場合のあることをことわっておく．

1)「終わりよければすべてよし．」常に最後が肝心と認識すること．
2) メンバーの出した意見がきわめて有効で，役に立ったことをはっきり伝え感謝すること．
3) 参加メンバーとしての動機づけを維持するために，今後のさらなる協力についても依頼しておくこと．「また詳しく伺うかもしれない」など．
4) さらなる情報をつなぐ窓口を提供しておくこと．「なにか言い残した方，帰って思いついたら〇〇へ連絡してください」など．

③ グループインタビュー実施にあたっての準備

　グループインタビュー法を成功させるには，きちんとした準備が必須である．
　グループインタビューを開始する前に，以下のような点についてチェックし，万全な状態で望む必要がある．

グループインタビュー準備チェックリスト

1	インタビューガイドはできているか	☐
2	最も有効な情報を得られる人々をメンバーとして選んでいるか	☐
3	メンバーグループにグループインタビューの日時，場所，目的などが明確に書面で伝えられているか	☐
4	インタビューのための場所は確保されているか	☐
5	インタビューのための場所の設営は適切な形で行われているか	☐
6	使用するビデオなどの機材類は予備を含め整備されているか	☐
7	名札の代わりとなる数字の立て札は準備されているか	☐
8	メンバーにグループインタビューの場所がわかりやすいように建物に表示がされているか	☐
9	メンバーの席順と席への案内者は決められているか	☐
10	実施する部屋の温熱環境や遮音は十分か	☐
11	記録者，観察者，分析者の確保はできているか	☐
12	茶菓や謝礼の準備は整っているか	☐

❹ グループインタビューの依頼の仕方

　グループインタビューを実施する場合には，メンバーを抽出し，事前に書面で依頼する．

　依頼の際の文章には，①グループインタビューの目的，②方法，③日時，④場所，⑤名前が外部に出ることはないこと，⑥謝礼の有無，⑦問い合わせ先，などを明示し，承諾をとる．倫理的な配慮は必須であり，必ず承諾書をもらってから，実施する．

　以下に一例をあげる．

図2　グループインタビュー参加依頼書の例（健康日本21施策作成にあたって）

○○市民の方々へ

　○○市では，「健康日本21」の実現に向けて，実際にサービスを利用している市民の皆様から，今後どのようなサービスが必要なのかなどについて，直接ご意見を伺うことになりました．

　つきましては，△月△日（△曜日）△時～△時，◇◇にお集まりいただき，グループでのインタビューで皆様のお話を伺えましたら幸いです．この会でお話されたことはすべて匿名で報告し，個人のお名前が外に出ることは決してありません．また最終的に整理したものは，市報で皆様に報告する予定です．

　なお，気持ちばかりですが，参加された皆様に薄謝をご用意させていただいております．

　○市のサービス向上のために，ぜひご参加いただけますようお願い申し上げます．ご賛同いただけます場合は，別紙承諾書に署名し，▽月▽日（▽曜日）までに同封の封筒にて保健センター宛ご返送ください．

　この件について何かご質問などがございましたら，○○市の××課担当××（電話×××）までご連絡ください．どうかよろしくお願い申し上げます．

　　　　　　　　　　　　　　　　　　　　　　　○○市××課　担当××

別紙

承諾書

　　　　　私はグループインタビューへの参加を承諾します．

　　　　　　　　　　　　　　　月　　　　日

　　ご芳名

5 インタビュアーの役割のポイント

インタビュアーの役割のポイントをまとめると，以下の10点である．

1．メンバーが話しやすくなる環境をつくる

受容的な態度で，うなずきながらじっくり聞くなど．またどんなメンバーも阻害しないで話を聞く．インタビュアーの個人的な好みがメンバーに影響を与えることのないように配慮する．

2．メンバーが話したくなる環境をつくる

話すことへの動機づけをする．話すことの意義を明確にする．メンバー間の一体感をつくりだし，興味をもって積極的に参加するよう，他のメンバーを巻き込んで発言を促す．

3．メンバー間のグループダイナミクスを促進する

たとえば，必要に応じて話をつなげて発展させる．

4．グループインタビューのテーマに沿って進行するよう道案内する

インタビュアーは，その分野について精通していることが望ましい．しかし，できるだけメンバーのグループダイナミクスが多く起こるように，自らの発言は最低限にする．メンバーには威圧感を与えないようにする．

5．参加メンバーすべての意向が反映されるよう，必要に応じて発言の流れを調整する

発言のないメンバーなどに話を振る，一方的に自己主張するメンバーから他者に話を振るなど．

6．メンバーの意見をより深める

メンバーがよく理解していない場合は，話の流れの本質を明らかにし，より洗練された深みのある意見を誘い出す．

7．グループ内の意見に対する同意または反対をチェックする

言語的，非言語的な反応から，どのような意向をもっているかを明らかにする．

8. メンバーの非言語的な動きを察知し，積極的に発言するよう道案内する

つねに発言者，発言者に対するその他のメンバーの非言語的な動きを観察し，必要に応じて話題を振る，確認するなど．

9. テーマに関するメンバーの発言を要約する

テーマごとの中間での要約は，次のテーマにつなげるために行う．最後に行う要約はインタビュー全体の成果がわかりやすいように整理する．いずれも簡潔に，要点をできるだけ短く説明する．

10. 最後にメンバーのテーマへの貢献の意義を明らかにし，メンバーが満足感を得られるようにする

参加したことがよい印象としてメンバーに残るよう配慮する．

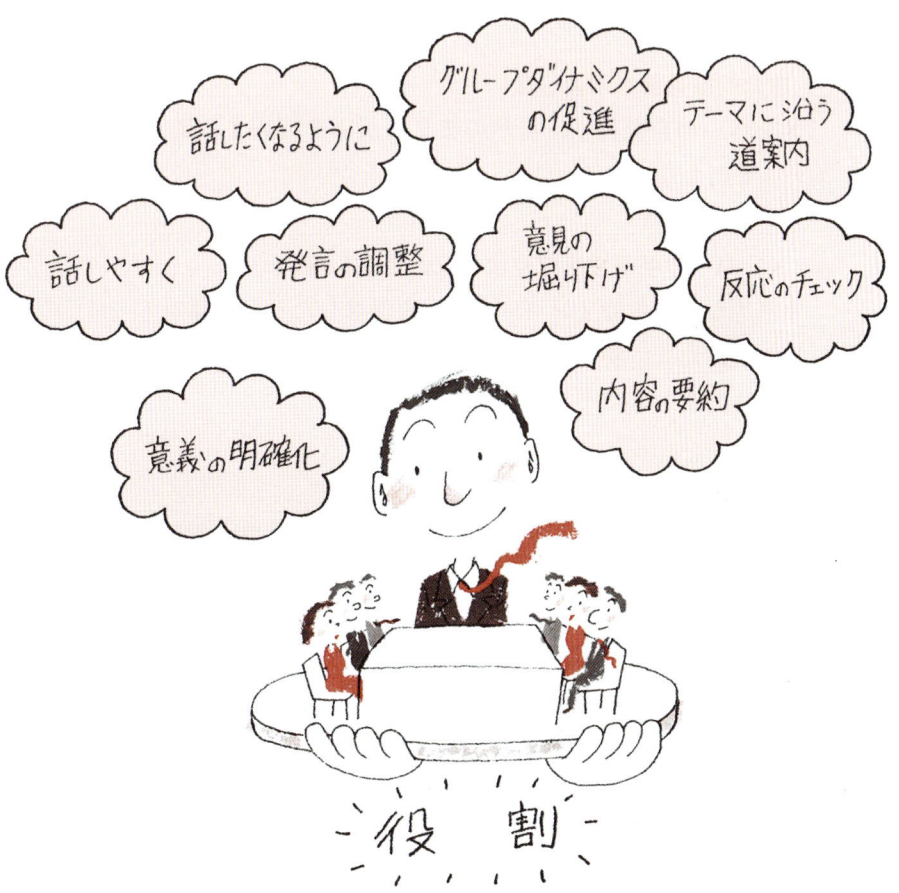

⑥ インタビュアーの注意点

　インタビュー実施の際に，インタビュアーが注意しなければならない主要な点は以下の7点である．

1．導入で情報を多く与えすぎない
　グループインタビューの導入で，テーマについてのインタビュアーや調査依頼者の好みや意向がはっきりとメンバーにわかるような情報を多く与えすぎない．

2．羅針盤はしっかり握っている
　グループインタビューが方向性を見失ってしまうほどに，インタビュアーが受け身にならない．あくまでもテーマに沿った討論が続けられるよう，道案内の役割は最後まで果たす．

3．自発的な発言を阻害しない
　メンバーの自発性や，自然のままの反応を抑制するような，過度のコントロールを行わない．

4．メンバーの平等性を欠くようなことはしない
　不平等なかたちでメンバーの発言を促進したり，一部のメンバーの意見のみを取り上げたり，特別な注意を払ったりすることは避ける．またメンバー間で対立が生じたときに不平等に扱わない．

5．見せ掛けの意見に振り回されない
　純粋な反応でなく，インタビュアーがよかれと思う意見を見せかけで述べるメンバーを尊重することのないようにする．話の流れや，他の人の発言の際にそのメンバーがどのような態度をとるかで見せかけかどうかを検討しながらバランスのある対応をする．

6．メンバーの発した意見の内容をあやふやにしておかない
　メンバーの反応がいくとおりかの方法で解釈できるとき，あやふやなままにしないで，それが何を意味するのか確認しておく．たとえば，最初にあいまいな発言をそのままにして話が発展すると，後で理解が違い，つじつまが合わなくなることがありうる．

7. インタビュアー自身の癖に無知なこと

　インタビュアー自身の癖が，すべてのメンバーの自由な参加を抑制するかもしれないということをつねに認識する．できればスーパーバイスを受ける機会をもち，第三者の助言を得るとよい．

7 インタビュアーのアシスタント，記録者，観察者の役割

　グループインタビューには，インタビュアー以外に，インタビュアーのアシスタント，記録者，観察者が必要となる．アシスタントは記録者，観察者を兼ねることができるので，1つのグループインタビューに必要な最低限のスタッフ側の人数は，3名である．

　なお，昨今は映像機器が発達したため，グループインタビュー当日は，映像機器で録画しながらインタビュアーひとりで実施し，後日，映像を見ながら複数のスタッフで分析することも可能になっている．

　以下にインタビュアーのアシスタント，記録者，観察者の役割を列挙する．

＜インタビュアーのアシスタントの役割＞

1．グループメンバーへの連絡，通知，問い合わせへの対応

　参加予定メンバーに対する文書の作成，通知，何か問い合わせがあった際に対応し，必要に応じてインタビュアーに相談する．

2．インタビューを行うための部屋の準備

　静かで，できれば映像記録のできる部屋が望ましい．メンバーがグループインタビューの最中に気が散ることのないように整理整頓する．

3．メンバーの着席への補助

　グループインタビューの席は，インタビュアーのまわりにメンバーがコの字型に座るかたちをとる．円座テーブルがあればそれを利用してもよい．どこにだれが座るかは，インタビューガイドの対象の特徴にしたがって，類似した背景の人を近くにするなど，あらかじめスタッフ側で決定しておく．数字札を使う場合は，あらかじめ机の上に立てておく．メンバーが到着したら名前を確認し，席に案内する．

4．部屋の温度や明るさのチェック．必要ならばそれらの調整

　必要に応じて冷暖房の調整をしたり，ブラインドを開けたり，電気をつけたりと，心地よい雰囲気をつくるよう配慮する．

5．飲み物などの用意とグループインタビュー開始前の提供

　グループインタビューの始まる前に，挨拶しながらお茶などの飲み物を出して緊張をほぐす方法は有効である．缶ジュースなどを各人の前に置いておいてもよい．

インタビューの最中は，新たな飲み物の提供は行わない方が，グループダイナミクスの集中力が続く．食べ物は，必要であれば終わってから提供する．

6．記録用のビデオ，カセットテープなどの設置や操作

昨今は，2台のビデオを設置して，すべてのメンバーの言葉，身振り，表情が記録できるようにすることが多い．ビデオの設置と操作，テープの準備，1本目のテープが終わったときの取替えなどを手際よく実施する．

<＜記録者の役割＞

1. すべてのグループメンバーの言語的な表現をありのまま逐語記録する

　言葉として発せられたすべてのものを記録する．「あのー」,「えーと」,笑いなどを含め，すべてが分析の際に貴重な情報源となる．番号札を利用する場合は，番号の後に言語的な表現を続けて整理する．

　グループインタビューの最中にすべてを記録することが望ましいが，困難な場合は後で映像記録から起こす．

2. インタビュアーの質問，まとめなどを要約して記録する

　インタビュアーの言語的な表現は，逐語的である必要はない．要点を落とさずにメモをとり，分析の際に役立てる．

＜観察者の役割＞

　観察者は，すべてのグループメンバーの非言語的な表現をありのまま逐次記録する．

　そこでは，言葉以外の動作，表情などにあらわれたすべてのものを記録する．発言者自身をはじめ，その発現の際に他のメンバーがどのような非言語的な表現をしていたかを発言と対応させて記録する．

　たとえば，発言者自身の態度（非言語的な表現）からは，自分の意見への自信の程度，他のメンバーに影響力を与えようとする意図の程度などが推察できる．また他のメンバーの態度からは，発言者の意見に対する同意，拒否，興味，無関心，さらに自分の意見を言いたい，などを推し量ることができる．

　グループインタビューでとらえる必要のある非言語的な表現は表1，2のとおりである．観察記録をつくる際には，これらを記号化して記述することで，記録を効率的に行うことができる．その一例を右欄に示す．

表1　発言者自身の代表的な非言語表現

	非言語表現	記号の例
必須記載事項	自信のある表現（口調がはっきり大きな声になるなど）	○
	自信のない表現（うつむき，小さな声など）	×
	他者への影響力を意識した表現（メンバーを見回すなど）	＋
	他者への無関心の表現（視線をそらす，うつむくなど）	－
追加記載事項	高揚の表現（声が高く早口になる，身体の動きが大きいなど）	C＋
	意気消沈の表現（がっかりした表情，口調など）	C－
	満足の表現（表情，うなずき，しぐさなど）	M＋
	不満の表現（表情，首振り，しぐさなど）	M－
	楽しさの表現（笑い，ほほえみ，身振り，手振り，抑揚など）	T
	怒りの表現（強い口調，身振り，手振り，抑揚など）	I
	悲しみの表現（表情，口調など）	K
	その他適宜追加	

表2 発言者に対する他のメンバーの代表的な非言語表現

	非言語表現	記号の例
必須記載事項	同意の表現（うなずきなど）	○
	拒否・反対の表現（首を振るなど）	×
	興味のある表現（体を向ける，目を見開くなど）	＋
	無関心の表現（表情，しぐさなど）	－
追加記載事項	高揚の表現（身体の動きが大など）	C＋
	意気消沈の表現（がっかりした表情，動きが止まるなど）	C－
	満足の表現（表情，うなずき，しぐさなど）	M＋
	不満の表現（表情，首振り，しぐさなど）	M－
	楽しさの表現（笑い，ほほえみ，身振り，手振り，抑揚など）	T
	怒りの表現（強い口調，身振り，手振り，抑揚など）	I
	悲しみの表現（表情，口調など）	K
	その他適宜追加	

　記録の方法は表3のとおりである．顕著な反応のある場合のみ非言語的表現を記述し，必ずしもすべての非言語表現を記録する必要はない．

表3 非言語表現の記述の例

発言者，発言内容	他のメンバーの対応
1：地域格差○	2：＋　3：－4：＋　5：－　7：○　8：○　10：○
4：塩分多＋，T	1〜3：＋　6：○　9, 10：T
7：生活の楽しさ重要＋	all　○
‥‥‥	‥‥‥

Chapter-3
グループインタビュー法の分析とは

① 科学的な分析とは－妥当性と信頼性－

1. グループインタビュー法の妥当性と信頼性の考え方

　ヒューマンサービスの領域では，科学的な根拠に基づくサービスが強く求められるようになっている．科学的な分析結果とは，そのような結果となる「**証拠**」がはっきりと示されていることである．さらに，同じような方法で何度行っても同じ結果になると保障できることである．これを「**再現性**」という．

　アンケートなどの量的な研究法は，「妥当性」や「信頼性」という考え方を使い，得られた結果がどれだけ「本当のことに近いのか」，「ぶれが少ないのか」を統計的な数字で示し，指標としている．

　グループインタビューなどの質的な研究法は，統計的な数字を指標とすることはできないが，その分，次のような指標で，量的調査の「妥当性」や「信頼性」にあたるものを検討することができる（拙著「ヒューマンサービスにおけるグループインタビュー法Ⅲ 論文作成編」参照）．

---

column　妥当性と信頼性について

　妥当性と信頼性について，わかりやすい例としては，的矢がある．
　いわゆる妥当性が高いとは中心のまわりにバランスよく集まること，信頼性が高いとはバラツキが少ないことを意味する．
　調査の結果が証拠として使われるためには，この妥当性と信頼性の両方について，科学的な指標を用いて示す必要がある．

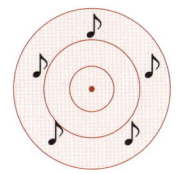

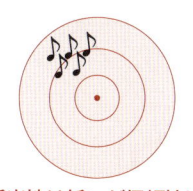

妥当性は高いが信頼性は低い　　妥当性は低いが信頼性は高い　　妥当性も信頼性も高い

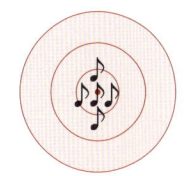

2. グループインタビュー法の妥当性と信頼性

　グループインタビュー法の妥当性は,「証拠」として用いることができるかどうかを指標とする.「証拠」は以下の4側面から, どの程度妥当であるかを検討することができる.

1) あてはまる (fit)

　グループインタビュー法で導かれた枠組み（構成されたカテゴリー）が, 実際の状況にうまくあてはまること. すなわち, 机上の空論ではなく, 実践の場に組み込み, 適用できること.

2) つかまえる (grab)

　グループインタビュー法で導かれたものが, 実践の場において核心をついていること. すなわち, 実践の場において重要なポイントをしっかり抑えていること.

3) うまくいく (work)

　グループインタビュー法で導かれたものが, 対象とした現象を説明し, 解釈し, 予測するのに有効であるということ. すなわち, 対象とした事柄の原因から発生, 将来に向けての筋道を理解するのに役立つこと.

4) 柔軟性 (flexibility)

　グループインタビュー法で導かれたものが, 固定化したものではなく, さまざまな状況にあてはまるよう柔軟に対応することができること. すなわち, 社会背景の変化などにより, 修正が容易に可能なこと.

　一方, グループインタビューの信頼性は, 結果を実践の場面において活用し, その結果が類似した状況や, 相違する問題に対しても応用できるかどうかにより検証することができる.

3. グループインタビュー法の妥当性を高める方法

　もう少し詳しく説明すると,「妥当性」とは, 得られた結果が本当に正しいこと（難しい言葉を使えば, 命題（事実の性質）が真に限りなく近似すること）である. 妥当性には①内的妥当性と②外的妥当性の2種類がある.

　グループインタビュー法を用いて質的な検討を行う場合, これら2つの妥当性を高めるよう, あらかじめ以下の点について十分に配慮しておく必要がある.

1) 内的妥当性

　内的妥当性とはグループインタビュー法によって導かれた2つの変数の関係が, 本当に正しい（2つの変数の関係についての命題が限りなく真に近い）ことをいう. グループインタビューの結果, 得られた各々の変数の関係性をいかに正しく分析できるかが内的妥当性を高めることにつながる. したがって, 内的妥当性を高く維持するためには, グループインタビューの実施中に得られたデータの「精度」が勝負である.

　言語的, 非言語的なデータを, 抜け漏れなく正確に記録し, 後に何らかの影響を検討する必要が出てきた場合にも, 十分に生かすことができるようにしておく. すなわち, 記録の充実により, 内的妥当性に影響を与える要因への感度を高めておくことが重要である.

2) 外的妥当性

　外的妥当性とは, グループインタビュー法によって導かれたことが, 他の同じようなグループ（母集団）でも本当に正しいこと（母集団同士の因果関係に関する命題の普遍性）をいう. グループインタビュー法で導かれた結果が, どれだけ世のなかに通用するのか, すなわち一般化できるかを確認する必要がある. そのためには, 同じような特徴をもつ他の集団に対しても, その結果を適用することができるのかを確認することが有効である.

妥当性を高く維持するための工夫

内的妥当性 / 外的妥当性

記録充実によりかく乱要因への感度を高める / 他の母集団に対する一般化を確認する

4. グループインタビュー法をより精度の高いものとする方法

　内的妥当性を高める，すなわち得られた2つの変数の関係をできるだけ正しいものに近づけるためには，この関係を見定めるのに支障となる要因（かく乱要因）を除く必要がある．精度の高い成果を得るには，何が結果に影響を与えるのかを知り，できるだけ事前に予防しておくことが望ましい．

　内的妥当性のかく乱要因としては，以下の6つがある．

1）個別背景の影響

　参加メンバーのこれまでの経験，性別，年齢などの背景の違いが，大きく影響することがある．どのような背景の違いがどのような影響を与えるのか，グループインタビューを実施している間，あるいは分析の過程のなかで十分に検討する必要がある．

2）相互作用によるメンバーの変化

　グループダイナミクスが生じると，参加メンバーの各々が「もともともっていた自分の考え方」に「他のメンバーの考え方」をプラスして「新しい考え方」をつくり上げることになる．グループインタビューの始めと終わりでは，各々のグループメンバーは変化しており，それが関係性に影響してくる．もともとの考え方から，どのような働きかけにより，どのように変化していったのか，道筋をきちんと押さえておく必要がある．

3）グループメンバーの偏り

　グループインタビューのメンバーが，対象としたテーマにかかわる人びと全体を代表せず，ある偏った対象であった場合，出てきた関係性が必ずしもテーマにかかわる人びと全体に広げて考えることができないことがある．参加メンバーが，対象としたテーマにかかわる人びと全体のなかで，どのような位置にある人びとなのか，すなわち，どんな特徴をもつ人びとなのか，を明らかにする必要がある．その特徴に基づいて，関係性にどのような影響を与える可能性があるのか検討する．

4）ドロップアウトの問題

　グループインタビューの実施中に，何らかの理由で参加メンバーのだれかが消極的になり，自発的な発言を行わなくなってしまったり，受身になりまったく話さなくなってしまったりすると，その人が代表しているもともとの集団（母集団）の意見の把握ができなくなる．

　できるだけすべてのメンバーが積極的に話題に参加できるよう配慮して，あらかじめそのような事態を予防するとともに，万一発生した場合には，そのことによる結果への影響を検討しながら分析する．

5) インタビュアーの影響

インタビュアーの誘導的な働きかけが強く，参加メンバーの自発的な発言の機会が妨げられると，出てくる意見は必ずしもメンバーの自由な広がりのある意見ではなくなってしまう．それに基づき分析すると，本来の要因同士の関係性がゆがめられてしまうこともありうる．

インタビュアーは自分自身の進行の仕方や態度がメンバーに及ぼす影響を常に意識し，極力最低限に抑えるよう努力するとともに，分析の段階では，インタビュアーの影響についても加味しながら検討するとよい．

6) インタビュアー自身の変化

参加メンバーにとどまらず，グループダイナミクスによりインタビュアー自身も変化することがありうる．そのために初期には想定していなかった道筋を加えたり，方向転換が起こったりすることがある．たとえば，グループダイナミクスにより，より重要なポイントが明らかになり，初期の方向性とはまったく逆の方向について，さらに突っ込んだ議論となることがある．分析の段階では，参加メンバーのグループダイナミクスの経過にともなう変化に加え，インタビュアーの経時的な変化についても検討する必要がある．

内的妥当性のかく乱要因

1. 個別背景の影響
2. 相互作用によるメンバーの変化
3. グループメンバーの偏り
4. ドロップアウトの問題
5. インタビュアーの影響
6. インタビュアー自身の変化

5. グループインタビュー法の質的研究法としての評価

まとめると，質的研究における妥当性と信頼性は，量的研究における妥当性の信頼性とはニュアンスが多少違うものである．別の言葉で言い換えるとすれば，質的研究における妥当性は，いかにその結果が「証拠」として使えるかであり，信頼性はその結果がいかに「確実」であるか，再現性があるかである．

表1 質的研究における妥当性と信頼性

量的研究	質的研究
妥当性	証拠性
信頼性	確実性（再現性）

瀬畠ら（日本公衆衛生学雑誌，48 (5)，2001年）は，質的研究の評価基準として，以下の9項目をあげている（拙著「ヒューマンサービスにおけるグループインタビュー法Ⅲ 論文作成編」参照）．

(1) デザイン
1) 質的研究を用いた理由を説明しているか
2) 適切な質的手法が選択されているか
3) 倫理的配慮がなされているか

(2) サンプリング
1) 対象者のクライテリア（基準）を示しているか
2) 対象者を選ぶ過程を示しているか

(3) 調査・分析
1) 具体的なプロセスが記述されているか
2) validity（妥当性）を確保する努力がなされているか
3) データと解釈の区別が明確化
4) 結論の導き方が明快か

これらを参考にしながら，科学的な根拠として活用可能なグループインタビュー法の技術の習得が重要であるといえよう．

❷ グループインタビュー法の分析の視点

　グループインタビュー法の分析の視点にはさまざまなものがあるが，ここでは重要なものを5点あげて説明する（拙著「健康長寿エンパワメント」参照）．

1．体系的な視点

　グループインタビュー法により導かれた結果は，各々のメンバーが発する1つ1つの言葉や非言語的な表現を総合的にとらえて，全体がどのような構造になっているのか，「体系的」に分析する必要がある．

　1つ1つの言葉や非言語的な表現は，全体のなかである一部を占める要素である．時間の経過とともに，グループダイナミクスにより変化する流れを把握し，つねに全体を見通す目，「観の目」を働かせる．

　そのためには，まず，そのメンバーの発する1つの表現が，全体のなかでどのような位置を占めるのか検討する．次いで，類似した表現を集め，根底にある考え方を類型化する．さらに類型化した考え方を整理して体系にするとよい．

2．多角的な視点

　グループインタビュー法により得られた結果を，さまざまな視点からとらえる．つまり，違った背景，視点をもつ分析者が，同じグループインタビューの記録をもとに分析してどのような見え方をするのか．あるいは，注目するテーマを変えて分析してみると，背景要因やグループダイナミクスの特徴によりどう変わってくるのか．

　分析は常に多角的な視点をもって，複数の目により，複数の焦点から実施することが望ましい．

3．比較の視点

　複数のグループインタビューを実施し，その結果を比較しながら分析する．結果の違いは，どのようなメンバーの背景から生まれてきたのか，逆に共通点は，何によってできてくるのかなど，複数のグループの結果の共通点と相違点に注目して分析する．

4．フィードバックの視点

　いくつかのグループインタビューを実施する場合，はじめのグループインタビューで得られた結果を次のグループインタビューで生かすことができる．これをフィードバックをかけるという．たとえば，次のグループインタビューで

投げかける質問を修正したり，メンバーに前回の結果を伝えて反応を見るなどの方法がある．

グループインタビューの質的な研究法としての大きな特徴の1つは，「意見の積み上げ」ができるという点である．量的な研究法のように，すべての対象に同じ質問項目を投げかけて，同じ刺激のもとに均質化された情報を把握する方法に比べ，質的な研究法は「情報の深み」を目指すものである．その意味で，フィードバックの視点を常に意識し，得られる情報を全体としてさらに奥深いものにしていくことが重要である．

5. 活用性の視点

ヒューマンサービスにおけるグループインタビューの結果は，必ず実践の場において活用できるものでなければならない．調査あるいは研究のためだけの目的で，先々にもまったく活用の目処の立たないグループインタビューは，決して実施しないようにする．

グループインタビューは，複数のメンバーに貴重な時間を割き，ある場所に集まってもらい，グループダイナミクスのもとに情報を収集するという形態をとる．参加するメンバーは，ヒューマンサービスの改善への大いなる期待をもって意見を述べるのである．インタビュアーと面と向かって進める点からも，実施側のメンバーの意見に対する責任性は高く，つねにこれらの意見を有効に生かしていこうという活用の視点をもつ必要がある．

Chapter-4 分析のコツ

　グループインタビューの分析のコツは，「**モッテユキカタ**」を踏まえて行うこと．つまり，次の6点—「目的（モ）」，「提供対象（ッテ）」，「ゆく末（到達点）（ユ）」，「強調点（キ）」，「活用法（カ）」，「他の可能性（タ）」—をつねに意識しながら行うことでうまく整理することができる（拙著「ヒューマンサービスにおけるグループインタビュー法Ⅱ 活用事例編」参照）．

　以下に各々を概説する．

1　目的：目的は何か？

　グループインタビューの分析にあたっては，最初から最後まで，つねに頭のなかに筋を通した「たどり綱」は，「何のためのグループインタビューか」，すなわち「目的」である．

　これはきわめて当たり前のことだが，目的を達するためにグループインタビューを実施したのである．目的に沿って分析するのは自明の理である．ところが複雑な内容を整理していると，時にグループインタビューの本来の目的を見失った分析の方向に走る場合がある．その場合も，方向性が外れた原因を明らかにすることで，さらに深い視点での，目的に沿った結果の得られる可能性を高めることができる．

❷ 到達点：どこまで明らかにしたいか？

　グループインタビューの目的と同時に，その目的に至る道筋のどこまでを科学的な根拠をもって示したいのか，すなわち到達点を明らかにしておくことが有効である．

　たとえば，ヒューマンサービスにおける課題を明らかにしようとする場合，どんな領域に課題があるかを明らかにする程度でいいのか，具体的にどう対応したらいいのかまで明らかにする必要があるのか，今すぐ実践に生きるかたちで把握したいのかなど，到達点の違いによって，分析の次元が変化する．

　グループインタビューの設計の段階から，分析の到達点を明確にしておく必要がある．

❸ 提供対象：だれに何を訴えたいか？

　だれに何を訴えたいかにより，分析の内容も，表現の方法も変わってくる．提供する相手に最ももふさわしい方法で，最も的確にインパクトを与える内容を盛り込む必要がある．したがって，つねにグループインタビューの報告書を手に取る相手のイメージを頭に置きながら，分析するとよい．

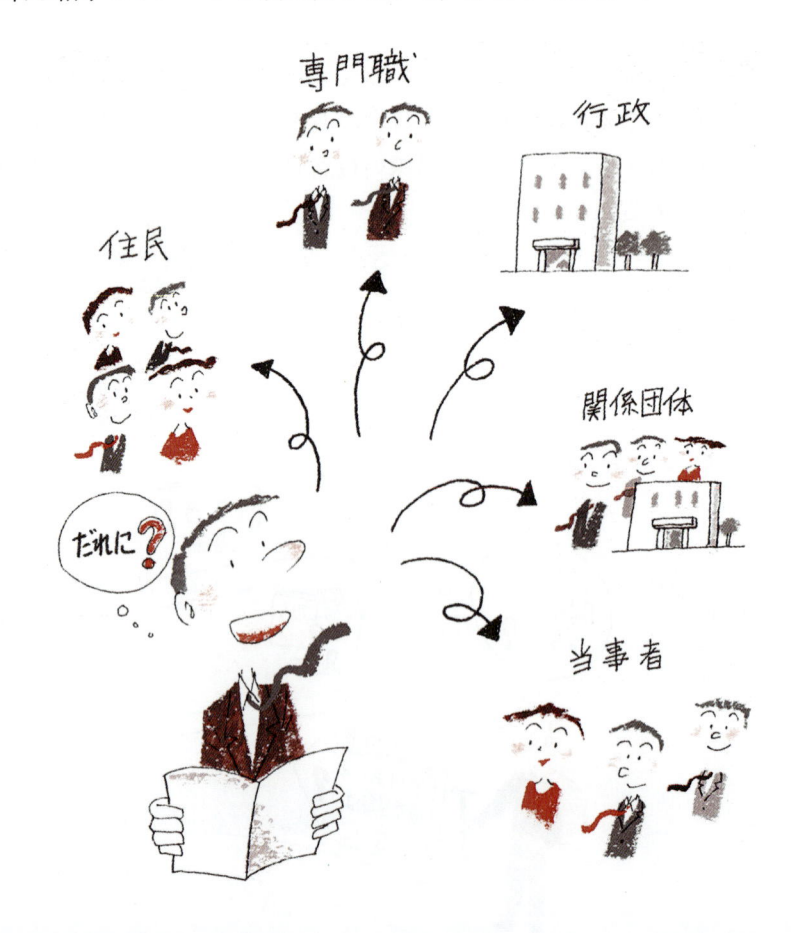

❹ 強調点：どこに注目するか？

　目的，到達点，提供対象が明確になったら，それを最も有効に伝えるためにどこに注目するか，どこを強調するかを決めて分析するとよい．強調する部分については，分析の過程においてより多くの証拠となる言葉や身振りなどの具体的な表現を取り上げ，その背景分析を合わせて厚みのある表現とする．

　注目するポイントは，グループインタビューガイドをつくった段階であらかじめおおよそ明らかにできる部分と，グループダイナミクスの結果出てきた新しいアイディアや視点などにより新たに追加される部分がある．

　まずグループインタビューの逐語記録，観察記録の全体を見渡して何度か読み，強調する必要のある「**ヤマ**」を見つけだすとよい．「ヤマ」は複数あってもかまわない．重要なのは，「ヤマ」同士の関係を明確にしておくことである．注目した「ヤマ」を中心に，他の部分から裾野に位置する表現を集め，順に肉づけしていくとまとまりやすい．

❺ 活用法：実践のどこに生きてくるか？

　ヒューマンサービスにおけるグループインタビューの結果は，つねに実践に生かすことを念頭に分析する．実際にどの部分に生かすことができるのか，具体的な実践の過程をイメージしながら分析を進める．

　そのためには，インタビュアーあるいは分析者は，グループインタビューを実施する以前に，実践の現状はどうなっているのか，どのような課題があるのかなどについて，十分に把握しておくことが有効である．しかし，逆にそれが"縛り"となり，自由なグループダイナミクスの発現を妨げることにならないよう注意する必要がある．分析の焦点を絞る段階で，実践への活用につながる重要アイテムを確実に取り上げること，また現状でははっきりしないものの，遠い将来には実践につながる可能性のあるアイテムについてイメージを膨らませてとらえ，漏れなく拾い上げることである．

❻ 他の可能性：他の方法はないか？

　現在分析しているグループインタビューに加えて，さらにきちんとした「証拠」を得るためには，どんな対象に，どのようなテーマのグループインタビューを追加すればよいのか，など次への発展につながる方法を考えながら分析する．

　また，グループインタビュー以外の方法で，得られた情報をさらに意味のあるものとする方法，たとえば量的な調査により裏づけとするなどの方法を検討するのもよい．時間的な余裕や費用などの都合により，実際にはこれ以上の新しい調査は難しい場合でも，より精度の高い情報を収集するために，さらにどのような工夫ができるのかを，つねに意識することで，より発展性のある分析が可能となる．

Chapter-5 分析の焦点

1 内容

　グループインタビューのメンバーが表現した「内容」に注目して分析する方法である．「表現」は言語的なものにとどまらない．非言語的な表現を含め，何を「意味」して，その表現を使ったのかを検討する．

　その際，表現の仕方の強さ，明らかさは，発表者がその内容にどの程度確信をもっているかを見るために有効である．表現の方法にも目を配るとよい．また，どのような話の流れのもとで発せられたのか．その発言は，グループダイナミクスをどう変えたのか．より発展させたのか，縮小させたのか，別の方向に展開させたのか，などを参考にする．

　グループインタビューのテーマに照らし合わせ，重要と思われる内容を抽出していく．これを「**重要アイテム**」という．まず，表現されたことから「重要アイテム」をできるだけ多く抜き出していく．この「重要アイテム」は，さらに分析を進める段階で，変更されることもあり，また精錬されることもある．

　この段階はきわめて重要である．全体を見据えながら，個々の重要アイテムを並べ，内容を整理する．「木を見て森を見ず」にならないよう，全体の中での重要アイテムの位置づけをつねに確認しながら分析する．

　複数の分析者により，重要アイテムとして抽出されたものが，なぜ重要アイテムなのか，だれにとって重要アイテムなのか，その背景とともに，「だれが見ても理解できるかたち」で整理する．

　重要アイテムを抽出するためには，単純記述データを何度か読み返し，注意深く把握する必要がある．この選択と解釈の過程をできるだけ客観的にするために，複数の目を通すこと，記録をしっかりとることが重要である．

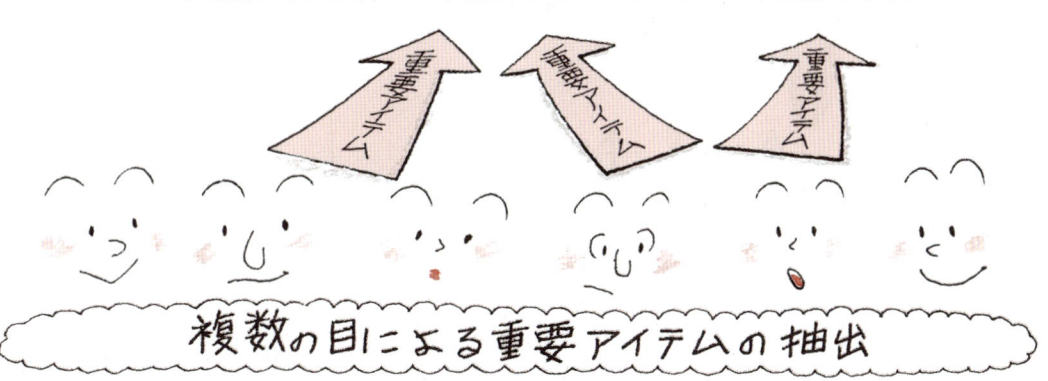

複数の目による重要アイテムの抽出

❷ 表　現

　　どのような表現を用いて述べたかを中心に分析する方法である．発せられた言葉の1つ1つは，そのまま「**なまのデータ**」として活用する．できるだけ忠実に生のデータの表現を尊重して，「分析の根拠」とする．

　　しかし，意図的に表現が変えられた場合は，その限りではない．たとえば，正直で純粋なフィードバックではなく，インタビュアーや他のグループメンバーを喜ばせる意図でなされた表現は分析に注意を要する．

　　さらに，「～ならば～でしょう」など仮説的，未来形の第三者的な発言と，「私はこう思う」など確信的，現在形の自らの意見としての発言との違いを見極めることは重要である．表現の仕方により，それを発したメンバーが，どの程度その内容を自らのこととしてとらえているか，どの程度他のメンバーに影響を与えようとしているかが把握できる．

❸ 流　れ

　　グループインタビューの流れがどのようであったのかを明らかにする．テーマに沿って，グループダイナミクスの起こり方，広がり方，転換の仕方などを確認する．

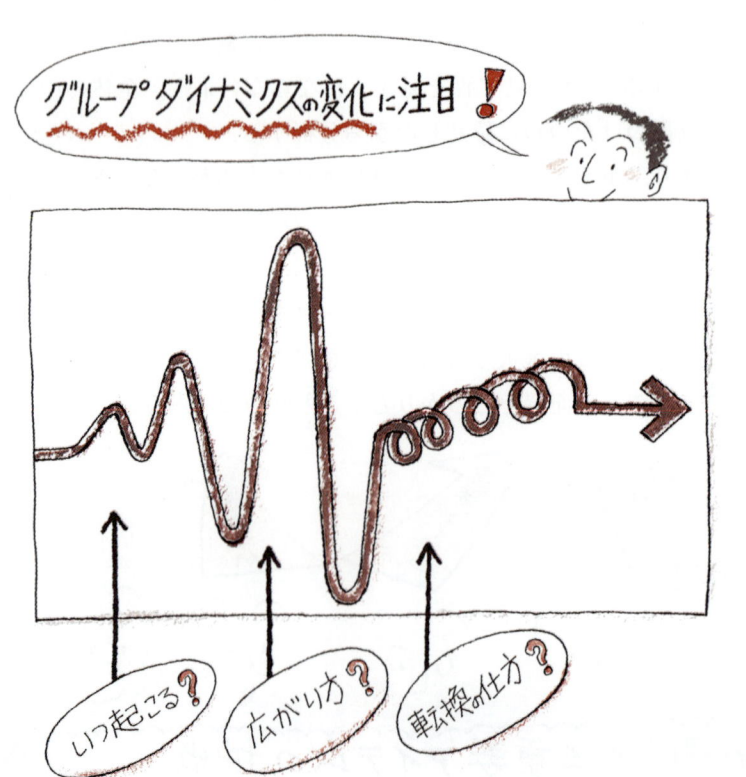

　　また，グループインタビューの流れにおいて，多数派の意見と少数派の意見とを見極める．全員の合意なのか，一部のメンバーの合意なのか．一部のメンバーの意見だとすれば，どのような特徴をもったメンバーの合意なのか，グループインタビューの流れに影響するメンバーの背景要因について明らかにする．

④ 内部一貫性

　参加メンバー各々の立場の一貫性がどのように変化したかに注目して分析する方法である．グループダイナミクスは，多くの場合，進行の過程にともなって，メンバーの意見に多かれ少なかれ影響を与えるものであり，その影響の度合いを見極めることが分析のプロセスとしてとても重要になる．

　内部一貫性には2つの視点がある．

　1つは，自分自身の発言や態度に対する一貫性である．グループインタビューの過程で，一貫して変わらない意見をもっているのか，なにかのきっかけで根本的な部分が変化するのか．そのきっかけとなったことはなにかなどを把握する．

　もう1つは，他者の意見に対する一貫性である．他のメンバーの発言内容に対して，回答や反応が一貫しているかどうかを見る．一貫しない場合は，それがなぜなのか背景を分析する．また途中から一貫しなくなった場合は，そのきっかけとなった事柄の意味について検討する．

　参加メンバーひとりひとりの一貫性について，「動き」と「きっかけ」を手がかりにして整理するとよい．つまり，グループインタビューの過程全体を通して，どの程度一貫しているのか．自分の立場を変えることがあるか．あるとすれば，それはどのような条件があったときか．どのような刺激があって立場を変えることが先導されたのか．「動き」があったたびに，その「きっかけ」を同時にとらえて記述する．

　内部一貫性に焦点を当てた分析は，参加メンバーのダイナミックな変化を明らかにしたい場合に有効である．

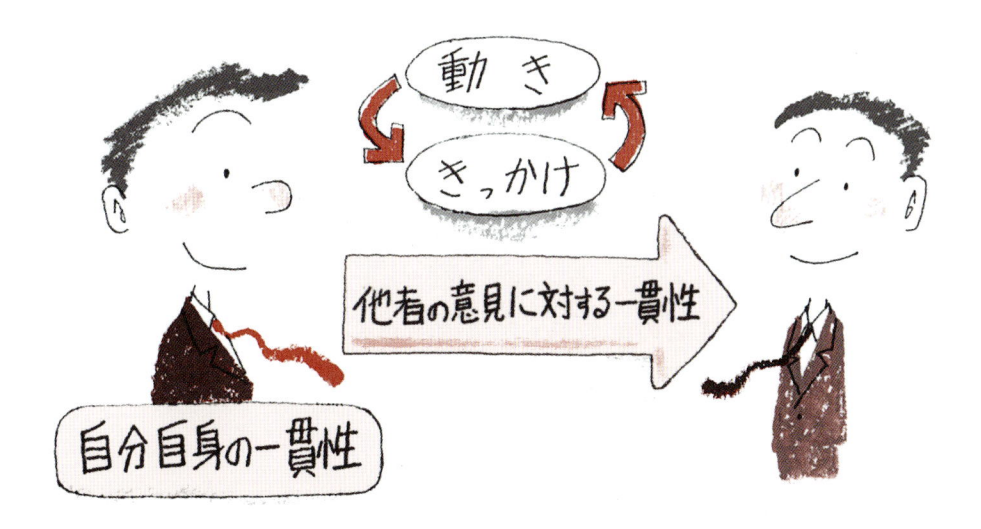

⑤ 頻　度

　　言語あるいは非言語的なものを含め，ある表現が繰り返される回数に焦点を当てて分析する方法である．繰り返される表現は，こだわりや，強調したい，影響を与えたいなど，なんらかの意味をもつ可能性が高い．ここには，表現の仕方が異なっても，同じ内容の事柄が繰り返し現れる場合が含まれる．

⑥ 範　囲

　　グループインタビューで展開される話の範囲がどの程度まで拡大するのか，どの領域にまで発展するのか，などに焦点を当てて分析する．自由なグループダイナミクスのなかで起こる話の広がりは，メンバーの興味の範囲を理解するのに有効である．

　　各々のメンバーにより話される内容の広がりは，他のメンバーにより広がる内容に積み上げるかたちで起こる場合が多い．その際，他のメンバーの延長線上にある広がりと，そこを越えた新たな広がりを区別して分析するとよい．

⑦ 強烈さ

　　問題に対する参加者の反応の強さと，その問題にどれくらい強く，そして情緒的にかかわっていると感じているかを確認する．次の段階として，なぜそのように感じるのかについて，参加者が示した理由とその根拠となる背景要因を確認することが重要である．

8 特異性

特異性とは，話の流れのなかで，それまでの流れとは別の内容や，違った視点が出てきたことに焦点を当てて分析する方法である．新たな展開が起こるときには，その背景に何かがあるとみてよい．変化から新たな情報を得ようとする目標を設定した場合，特異性に注目するとよい．

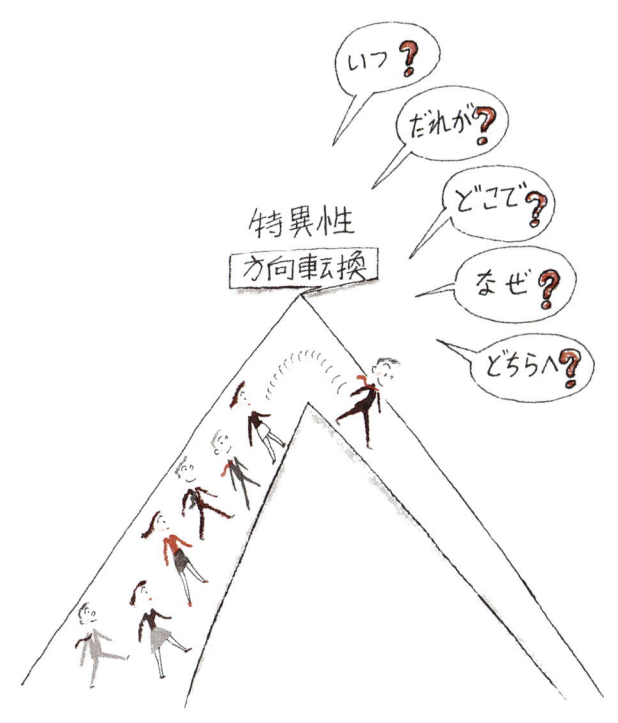

9 表現されなかったこと

当然表現されると予測された内容が，自発的な形で表現されなかったり，質問を投げかけても表現されなかったりすること自体には意味がある．そこで，そのような表現されなかったことに焦点を当てて分析する方法がある．表現されなかったことのみに注目して分析することはまれだが，他の方法と組み合わせながら，表現されなかったことの内容とその背景要因を分析することはきわめて有効である．

10 新しいアイディア

グループインタビューは，もともとグループダイナミクスを用いた意見の積み上げであり，やりとりのなかから新しいアイディアが生まれやすくなる環境をつくるものである．対象としたテーマについて，複数の参加メンバーの知恵を出し合って，よりよい解決のためにアイディアがもたらされることは少なくない．グループインタビューの目的によっては，そのような新しいアイディアを引き出すための土壌として利用する場合もある．

そのような意図がはじめからあるなしに限らず，新しいアイディアは，グループインタビューの分析の過程において重要な意味をもつアイテムとなる可能性が高い．新しいアイディアに焦点を当てて分析することは，テーマの発展を目的としたグループインタビューの場合，特に有効である．

Chapter-6 分析の過程

　グループインタビューの分析は，グループインタビューを企画した段階に始まり，報告書が完成するまで続くものである．決してグループインタビュー実施後の一時期にとどまるものではなく，まさにグループインタビューの過程すべてが分析につながっていると言っても過言ではない．

　ここではグループインタビューの分析の過程を，グループインタビューの10の進行の段階，すなわち①研究デザインの段階，②報告デザインの段階，③インタビューガイド作成の段階，④インタビュー方法決定の段階，⑤インタビューの段階，⑥単純的な記述の段階，⑦体系的な記述の段階，⑧次のインタビュー実施の段階，⑨複数インタビューの複合分析の段階，⑩報告作成の段階に沿ったかたちで整理する．

1　研究デザインの段階

　グループインタビューの分析は，最も初期，すなわち研究をデザインするそのときから始まるといっても過言ではない．研究デザインを行うなかで，「分析方針を明確化」し，「分析を配慮した設計」が求められる．

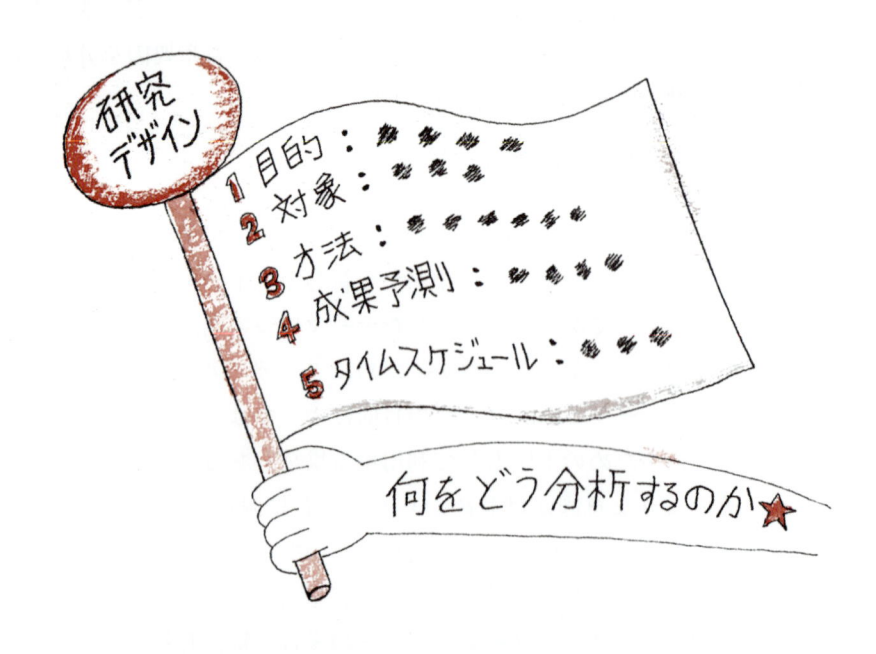

② 報告デザインの段階

研究デザインが出来上がると，次にどのようなかたちで報告するか，報告デザインの検討をする．報告においては，複数の方法を使って，多角的な視点から整理することが望ましい．グループインタビューを含め，調査法，個別面接法など「複数の方法を採用」する報告デザインを考える．

③ インタビューガイド作成の段階

インタビューガイドを作成する段階では，質問項目に「分析しやすい項目を導入」するよう配慮する．分析しやすい項目とは，理念や概念，抽象的になりやすい考え方やイメージを尋ねるのではなく，より具体的な体験に基づき，日常生活のなかで実際に触れることのできる内容を問う項目である．

参加メンバーから得られる言語的，非言語的表現は，体験に根ざした思いや生きた言葉であることで，より具体的なかたちで関係性が明確になりやすい．したがって，インタビューガイド作成時には，グループダイナミクスが生き生きとわき上がるような具体的な項目の設定を工夫するとよい．

④ インタビュー方法決定の段階

実際にグループインタビューを実施する前に，インタビューの方法を決めると同時に，「どんなかたちで分析するか」，すなわち分析方法について，分析を担当するスタッフの間で討論しておく．

たとえば，「ヤマ」をどこにもっていくか，あるテーマについてはどのような背景のメンバーに重点的にアプローチするか，などはインタビューの方法と連動したかたちでおおよその方法を決めておくと，分析の際に整理しやすくなる．

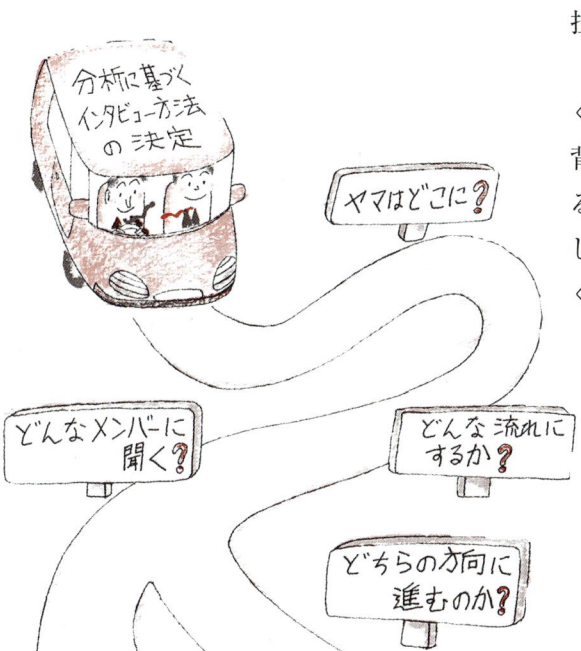

❺ インタビューの段階

　グループインタビュー実施の段階では，なるべく「複数のグループを分析」することが望ましい．複合的な分析は，単独のグループインタビューでは得られない，背景要因の比較検討や検証を可能にする．

　複数のグループを設定する場合には，掘り下げたい内容について，違った立場，あるいは多角的な視点から内容の分析ができるように配慮する．たとえば，サービスに関するニーズの質的な把握という場合には，①さまざまな背景特性をもつサービスの利用者の視点，②そのサービスを提供している提供者の視点，③多くの利用者の状況を熟知している中間ユーザー（専門職）の視点など，同じサービスについても違った視点からの内容が得られるグループを設定するとよい．

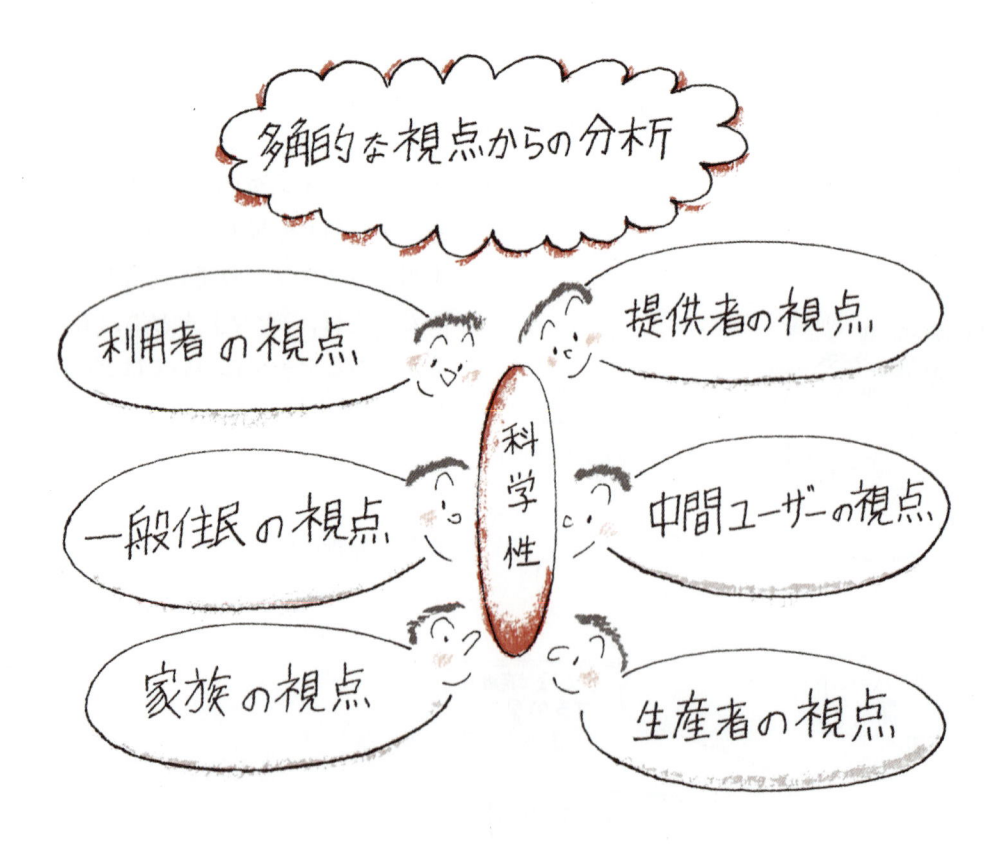

⑥ 単純な記述の段階

グループインタビューの実施中，あるいは実施後，なるべく記憶の鮮明な時期に，言語・非言語な情報を正確に記述し，内容の確認をしておく．これはすべての分析の基本となり，「なまデータ」となるものである．また内的妥当性を高め，より説得力のある科学的な根拠とするためにも，完全な記述が求められる．

⑦ 体系的な記述の段階

体系的な記述の段階では，つねに第4章で述べた「分析のコツ」を踏まえながら行うことが重要である．

この段階では，全体の体系的な整理にあたって，その骨組みとなる「**重要カテゴリー**」を抽出する．「重要カテゴリー」を見つけるには，以下のような点に注目するとよい．

1. 目的に照らして，「意味のある情報の体系的なまとまり」を「重要カテゴリー」とする．ここでいう「意味のある情報」とは，目的を達するために参考となるもの，あるいは目的を達することができない阻害要因となるもの，など明確に目的と結びついている事柄をさす．
2. 「重要カテゴリー」は，それ自体で有益であるような，最も少ない情報量である．またこの「重要カテゴリー」は，グループインタビューの全体像がよくわからなくても，それ自体で理解ができ，解釈できるものである必要がある．
3. 「重要カテゴリー」の大きさは，単語から文や段落までさまざまである．
4. 「重要カテゴリー」には，グループインタビューのメンバーの発する言葉そのものを「生活の場から生まれた意向」として大いに活用することが望ましい．

「体系的な記述」の技術は，グループインタビューを実際に経験し，スーパーバイザーのもとで何度か整理してみることで，容易に体得することができる．はじめのうちはかなり時間がかかることもあるが，経験を積むにつれて慣れ，「重要カテゴリー」を中心にストーリーの柱を適切に立てられるようになれば迅速に実施できる．

「重要カテゴリー」の抽出にあたって，少なくとも分析スタッフは，対象とするテーマの目的や課題について熟知している必要がある．熟知しているからこそ，逐語記録を何人かの分析スタッフが通読し，適切な「重要カテゴリー」を見つけだすことができるのである．

「重要カテゴリー」を見抜く具体的な作業としては，以下のような方法で行う．

1. 逐語記録と観察記録を合わせて記録したシートに，目的と照らし合わせて「意味のある項目（重要アイテム）」にラインマーカーで印をつけていく．
2. 付録（p.85）のように，記録シートの最右欄に重要アイテムを入力しておくとよい．この過程は省略することもできる．しかしこうしておくと，後に報告書を作成する段階で，情報の集約が容易になり，報告書作成の時間を短縮することにつながる．
3. 抽出された「重要アイテム」の全体を並べ，その背景にある「メンバーの発言から訴えられなかったもの」を含めて目的を実現する流れ（ストーリー）を考える．
4. ストーリーの場面ごとに「重要アイテム」を束ねて「見出し」をつける．それが「重要カテゴリー」となる．
5. 複数の分析担当者が同様な作業を行い，その共通点と相違点について議論し，最も客観的な説明が容易にでき，全員の納得のいくかたちで重要カテゴリーを決定する．

「重要カテゴリー」が決まったら，次に具体的なメンバーの言葉，内容の要約を加えて，各々の「重要カテゴリー」に肉づけをしていく．肉づけするための手続きは，以下のとおりである．

1. 「重要カテゴリー」に関連する逐語記録，観察記録の内容をすべて集める．その際，長い発言の関連する部分のみを意味がわからなくならない程度に分割して列挙するとよい．
2. この作業の途中で，「重要カテゴリー」の名称や内容を変更した方がいい事態が起こることもある．固定的なものとしてとらえず，「重要カテゴリー」も「重要アイテム」も変更できる柔軟なものとして考えておくとよい．

3. 「重要カテゴリー」によって表されるものが，全体の流れのなかでどのような意味をもち，どの程度正確で，科学的な根拠となりうるのかをつねに検討する．
4. 他の「重要カテゴリー」についても，全体のバランスから最も適切な表現の重要カテゴリーが網羅できたことを複数の分析実施者の全員が納得するまで，この過程を続ける．この過程に着手している途中で，他のカテゴリーを考えつくことがあってもよい．
5. これらの「重要カテゴリー」を採用した理由を書きとめておく．これは，将来，内的妥当性を高める工夫をする際に，有効に機能するものである．
6. しばらくこの過程を続けていると，既成のカテゴリーに合わず，また独自のカテゴリーにもなりそうにない重要アイテムを発見することがある．このような重要アイテムは，後のヒントになることも多いので，削除せずに分析シートに「その他」をつくり整理しておく．
7. 重要カテゴリーに肉づけしている間も，また，その後すべての逐語記録や観察記録が重要カテゴリーに配列された後でも，再び重要カテゴリーの内容や基準の確認をし続ける．
8. 1つの重要カテゴリーにかなり多くの重要アイテムがある（例えば，5個以上）場合には，集められた重要アイテムがすべて重要カテゴリーと関連するかどうかを確認する．より深い考察によって関連を記述する必要があれば，別の重要カテゴリーを設定して重要アイテムを移動する．
9. いったんすべての重要アイテムを網羅した後，重複がないか，全体の体系は完全なのかを，再チェックする．時には重要カテゴリー間で，似たような内容を共有していることがある．その場合，もともとは別々のカテゴリー内にあったすべての情報を含む，より大きなカテゴリーへと統合させることになる．
10. 最後に，何度も全体を通読して，重要カテゴリーのバランス，体系について検討する．複数の目で，これで最適といえるかどうか，客観的な視点から確認する．

8 次のインタビュー実施の段階

グループインタビューの大きな特徴の1つは，データの積み上げにより，より奥深い内容を得ることができる点である．グループインタビューをひとたび実施した結果は，次のインタビューにフィードバックして内容を深めることができる（「フィードバックの視点」p.39参照）．

9 複数インタビューの複合分析の段階

複数のグループインタビューを分析する場合には，まず前述の方法を使って，各々のグループインタビューに関する分析をほぼ完成させる．

次に，各々のグループインタビューで取り上げられた「重要カテゴリー」に注目し，何が共通しているのか，何が相違しているのか，それはどんな背景要因によるのかを検討する．

3つ以上のグループインタビューを実施する場合には，「重要カテゴリー」の共通点と相違点について「ホシ取り表」のように整理して，各々のグループの背景要因を類型化して関連を考える．できればそこに，グループインタビューで得られた具体的な内容を書き込んでおくと後で分析が容易になる．

さらに，そのなかから新たに追加して「重要カテゴリー」としてあげる必要のある項目が明らかになったり，別の角度から詳しく背景分析する必要のある「重要アイテム」がでてきたりする．

より多くのグループインタビューに共通して現れる「重要カテゴリー」は，そのテーマにとって重要な意味をもつ可能性が高い．複合分析の結果をまとめる場合に，全体報告の柱として活用するとよい．

表1　複数のグループインタビュー分析のホシ取り表作成の例

対象グループ 重要カテゴリー	生活習慣病リスク者 グループ	要介護高齢者 グループ	ひとり暮らし高齢者 グループ	‥
健康増進の充実	◎全員強調		○手軽にできる	‥
社会交流の機会		◎外出機会の確保	○みなと楽しく	‥
緊急時の対応		○	◎緊急通報必須	‥
バリアフリー	×	◎車椅子外出可に	◎転倒予防充実	
生きがい充実		○趣味を継続可に		
情報サービス	○正確な情報			

◎：とてもよくあてはまる
○：よくあてはまる
×：あてはまらない

⑩ 報告作成の段階

報告作成の段階では，つねに当初設定した分析方針に沿っているかを確認しながら整理する．

特に，だれに対して，どのようなインパクトを与えるために報告書を作成するのかを十分に意識し，より効果的な構成の仕方，表現の仕方にも細心の注意を払い，最もふさわしいかたちでまとめられるよう工夫する．

分析の具体的方法

1 記述分析法

　　記述分析法とは，グループインタビューで得られたメンバーの言葉や非言語的な表現を，完全にそのまま用いる「記述」を中心に分析する方法である．できるだけ語られた言葉や表情，態度などを加工しない状態で並べ，簡単な要約程度の表題とともにつけて整理する．

　　記述分析法は，最も参加メンバーの「なまの声」がそのまま生かされ，またそれが強調される方法である．したがって，グループインタビューの主な目的が，対象者のありのままの声を把握する場合などに有効である（拙著「ヒューマンサービスにおけるグループインタビュー法Ⅱ　活用事例編」参照）．

> **記述分析法の例**
>
> **1. サービスの提案**
> 　「例えばいろんな団体が自分達はこのようにやっていくという提案を出すとか．例えば養護教員のグループはどういう活動をしていこうなど，医師会はどういうサポートが必要かとか．」
> 　「当市の場合は例えば，タバコに関していったら自動販売機の数を制限しましょうとか，条例で数を決めましょうとか考えていったり，もちろんアルコールに関しても，もっと厳しく販売のときには必ず年齢，身分証を見せましょうというような．そのような環境を整えるようなことをした方が意外と健康度があがるんじゃないのかと思います．」
> 　「まわりのいろんな団体が行動変容を起こすようなツールをつくって，それを商品化して，それを提示してやっていくぐらいのものをやらないといけない．」
>
> **2. 定期的な情報交換の場の確保**
> 　「お互い意見を出し合うような場があっても，施策だけが目標ではないはずです．いろいろな所で交わる，連携をこの機会にもてるようになったっていうだけでもとても健康日本 21 の意味がある．」
> 　「ただ集っているだけじゃだめだから，一緒に共有できるものがあったりするといいと思う．」

2 内容分析法

　グループインタビュー法における内容分析法とは，グループダイナミクスの結果得られた言語的，非言語的表現について，そのものではなく，それが何を意味しているのかに焦点を当てて分析する方法である．

　したがって，「体系的な記述の段階」（p.53参照）で述べた手順を使って，「重要カテゴリー」を取り出し，肉付けしていくことになる．

　グループインタビュー法の分析は，この内容分析法と上記記述分析法を組み合わせ，得られたメンバーのなまの表現と，その意味する内容を掘り下げて，両者が同時に把握できるようなかたちにすることが多い（付録p.112「完成報告書」参照）．

内容分析法の例

1．当市の特性

（1）地域差が大きい

　当市は明治44年に市制施行となった後，平成3年○○村が加わり現在に至るまで6回の町村合併を経ている．そのため市の面積は広く，土地土地での産業なども異なり，都市部と農村部が存在するという地域差の大きいことがあげられた．施策策定には市全域をひとまとめに考えるのではなく，それぞれの地域特性を踏まえる必要性が述べられた．

（2）当市民の気質

　当市民の気質の特徴として職人（企業人）気質があげられた．また"遠州森の石松"に代表されるような「やらまいか」精神が尊ばれる一方，傍観者的な立場をとる者も多いことが述べられた．市内のサービスを提供する側には能動的な創始者や管理者がいる反面，サービス利用者の側には，積極的な者と受動的な者がおり，施策策定にはそれらを踏まえた市民のエンパワメント（市民自らが問題解決の力をつけられるようにサービスを提供すること）を考慮する必要性が述べられた．

（3）在宅福祉サービス，介護保険サービスに関する市民のとらえ方

　平成12年度から介護保険サービスが開始されたが，高齢者自身の戸惑いが少なからず存在することがあげられた．また市民のサービス利用状況では，街中では施設介護に依存的な反面，農村部では在宅介護が行われているがサービス利用を世間体のために引き伸ばしにして，高齢者のQOLを満たすような使用がなされていないことが述べられた．平成11年度の調査ではホームヘルパーの利用率の幅が大きく，郊外での利用率が高いことが示されている．またサービス利用状況については，ホームヘルプサービスの利用率が全国平均と比較して低いこともあげられた．

3 要旨分析法

　要旨分析法は，グループインタビューの結果の要点をまとめた，いわゆるエグゼクティブサマリーの作成にあたる．通常1ページ程度に全体を網羅した重要カテゴリーと，意味のある内容についてポイント強調するかたちで記述する．

　実際には，記述分析法，内容分析法を合わせたかたちの報告に加えて，最初あるいは最後の部分に，要旨分析法によって得られた要旨報告をつけ，3つの分析法を連ねてよりわかりやすいかたちで最終報告書を作成することが多い．

要旨分析法の例

1. 健康日本21策定に向けた調査に必要な項目

(1) 大枠的には，「健康な生活習慣」と「生活の質 QOL」に関連する項目の両者を取り入れる．

(2) 健康日本21の目的に添った「健康な生活習慣」の項目（栄養，休養，運動，喫煙，飲酒，生活リズムなどの具体的な項目）を他地域との比較上，標準化されたかたちで採用する必要がある．

(3) 「QOL」関連項目は，「楽しく生きるための健康」ということに関連する項目（社会参加，他者との交流，余暇活動，趣味，社会との調和，人生の充足感，満足感につながる項目）を採用し，当市カラーを出す．

(4) 市民をやる気にさせる（エンパワメント）にはどうしたらいいのかを示唆する項目を入れる．価値観の優先度，生活様態，いくつまで生きたいかなど，ウェルビーイングに結びつく幅のある質問内容とする．

2. 健康日本21推進のための環境整備

(1) 広義の「健康」に関連する公的・民間の施設機関，団体すべてより，まず自ら今後実施可能なことを出し合う．それらを統合して過去の枠組みにとらわれないかたちで今後の対応の可能性を整理する．

(2) 目標の共有化を図り，上記内容に照らし合わせて実際に稼動可能な部分から手順を整理し，新しいシステムをつくり上げる．健康行動変容ツールの共同開発など．

(3) 定期的に関連施設機関が情報交換する場をつくる．

(4) システムは，地域に密着したサテライト型（公民館などの活用を含む）を基盤とする．住民の身近で，多様な機能をもちつつ柔軟性に富む対応の可能な施設機関の設置が望ましい．

(5) 上記サテライト同士が有機的に連携し，かつ住民が利用しやすいよう情報システムなどを整備する必要がある．

④ 関係分析法

　関係分析法は，参加メンバーのグループダイナミクスの様子を，ソシオメトリーのようなかたちで記述していき，どのような内容のときに，どのような変化があらわれたかを記述するものである．

　メンバー相互の交流の変化を記述し，交流の変化に影響する要因を明らかにする目的でグループインタビューを実施するときに有用である．

関係分析法の例

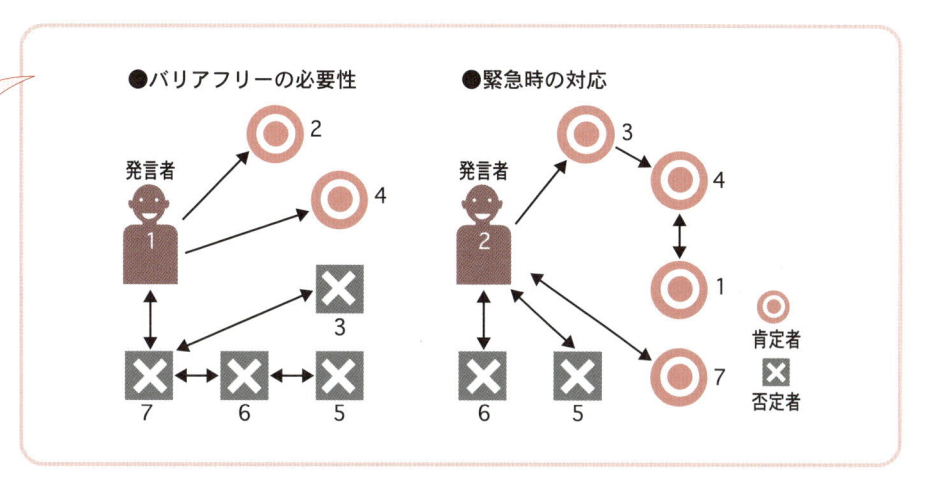

●バリアフリーの必要性　　●緊急時の対応

○ 肯定者
✕ 否定者

⑤ 非言語コミュニケーション分析法

　子どもの遊びの観察，聴覚障害者の手話によるコミュニケーションなど，言語で表されるコミュニケーション以外のものをすべて含む分析法である．基本的には，具体的な行動，態度，表情などを手がかりに，上記であげた分析の「言語」にあたる部分が「非言語」に置き換わると考えてよい．複数のメンバーのかかわり状況に関する行動観察記録に近いものである．

　特に言語表現による情報把握の難しい対象の場合に有効である．

非言語コミュニケーションの例

1．ストレス状況下における他の子どもへのかかわり

A：両手に丸めた新聞紙を持ち，太鼓のバチのように，あたりかまわずたたきながらBを追いかける．手に力が入り，新聞が折れ曲がる．大きな音を出す．

B：時々Aを振り返りながら，もう少しで追いつけそうな距離を確保しつつ，部屋のなかをぐるぐる回る．走りながらAを面白そうに見る．

A：なかなか追いつけず，顔が赤くなり，オーオーと口の中にこもったようなうなり声をあげる．助けを求めるようにCの顔を見る．

C：Aと目が合うが表情が変わらず，動こうとしない．

A：Cのもとへ駆け寄る．

Chapter-8 分析の具体例

① グループインタビュー実施時の記録

グループインタビュー終了後，忘れないうちに全体の逐語記録，逐次観察の記録を整える．逐語記録，観察記録がすべての分析の基本となるので，内容を確認し，完全にする（付録p.85参照）．

② 一次分析

逐語記録，逐次観察の記録が完全に整理されたら，できるだけ早く一次分析，二次分析にかかることが望ましい．人間は記憶を容赦なく忘却していくからである．

1. 一次分析の段階では，インタビューガイドの質問に沿って，「重要な内容」，「意味深い内容」を拾い出す．これを**「重要アイテム」**という．
2. その発言の発言者にとっての意味を確認する．発言者の口調の強さ，しぐさ，表情の情報から，その内容への発言者の思い入れの大きさが把握できる．
3. 一方，その発言に対する他のメンバーのしぐさや表情などによる反応から，その意見が「グループ全体の総意」なのか，「特定の背景をもつ一部のメンバーの意見」なのか，その個人「ひとりの意見」なのかを把握する．

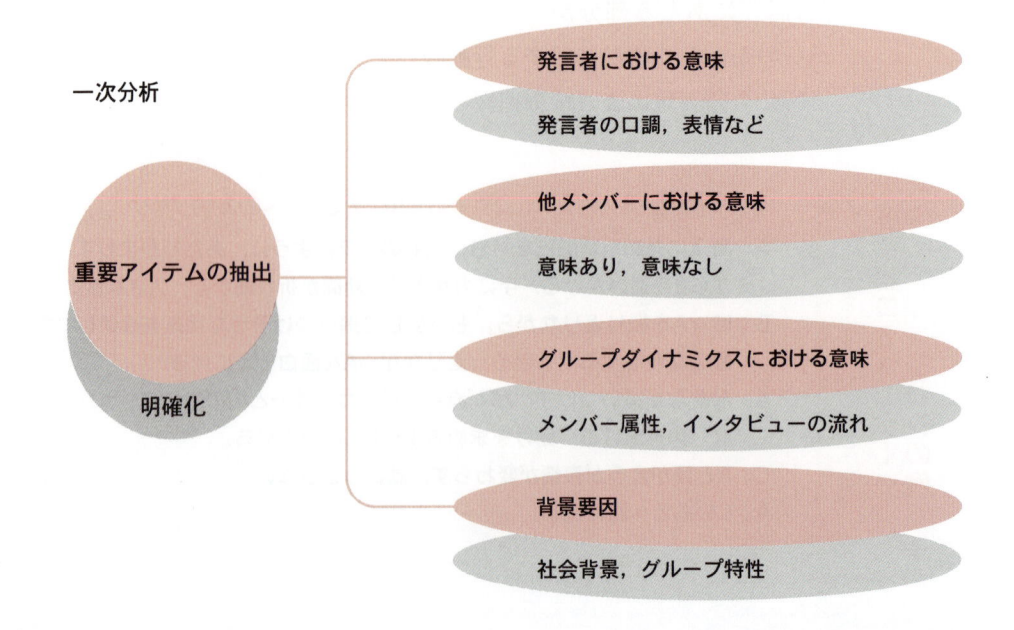

一次分析

重要アイテムの抽出／明確化

- 発言者における意味
  - 発言者の口調，表情など
- 他メンバーにおける意味
  - 意味あり，意味なし
- グループダイナミクスにおける意味
  - メンバー属性，インタビューの流れ
- 背景要因
  - 社会背景，グループ特性

4. これら抽出された「重要アイテム」の背景として，どんなことがあるのかをグループダイナミクスを踏まえて解釈する．つまり，メンバーの属性からそのような内容が出てくるのか，社会背景から出てくるのか，グループダイナミクスにより引き出されたのか，などを解釈する．「表現のされ方」「どのような文脈で述べられたか」などについても勘案する．
5. その発言に対するグループの各メンバーの反応を，必要に応じて解釈に反映させる．

③ 二次分析

二次分析は，一次分析で得られた「重要アイテム」とその背景要因のリストから，**重要カテゴリー**を汲み出し，流れの全体像をつくり上げる段階である．

重要カテゴリーの見つけ方，重要カテゴリーの肉づけの仕方などに関しては，「体系的な記述の段階」(p.53) に詳しく述べているので参照してほしい．

要は二次分析で，グループインタビュー分析のワザが大いに発揮されるか否かに，質の高いグループインタビューの成果が得られるかどうかがかかっている．「重要カテゴリー」の体系的な創出に加え，各々のカテゴリーの肉づけの段階でも，つねに「何を訴えることが最も適切か」を意識する．

グループインタビューの過程で得られたすべての言語あるいは非言語表現は，鮮度の高い材料である．材料は「料理人の腕次第」でおいしくもまずくもなることを肝に銘じる．プロ技術の追求に到達点はないように，グループインタビュー分析技術の向上のための努力にも終わりはないものである．

さらに，科学的な根拠としての妥当性と信頼性にも言及し，深みのある分析を心がけたい（拙著「ヒューマンサービスにおけるグループインタビュー法Ⅲ 論文作成編」参照）．

Chapter-9 グループインタビューについてよくある質問

Q1. 科学的といえるか？

A 質的な研究法であるグループインタビューがどれだけ科学的なのかについては，再現性と予測性を高めるために，どれだけ工夫がなされたかによって変わってくる．グループインタビュー法では，量的な調査のように，決められた計算の方式によって，数字で信頼性や妥当性を示すことはできない．しかしだからといって，それが科学的ではないと言い切る根拠にはならない．グループインタビューの科学的な根拠は，むしろ質的研究であるという「情報の深み」の意義を十分に踏まえ，「うまく当てはまる（fit）」，「つかまえる（grab）」，「うまくいく（work）」，「柔軟性（flexibility）」（p.34参照）などの視点でとらえるものである．さらに，質的な研究の評価の指標（p.38参照）に当てはめて，より妥当性を高めるようにつねに努力する必要がある．

Q2. 主観的ではないか？

A グループインタビュー法は，分析者の思考の過程が大きく反映される点で，客観的なものではなく，主観的なものではないかという質問が多い．しかし，その意味では，どんな量的な調査法でも，出てきた結果を解釈するのは分析者の思考の過程が大きく反映される「考察」であり，主観的であるのはむしろあたりまえである．研究はすべて主観的な解釈であるといっても過言ではないが，ただし，それが他の皆に受け入れることのできる主観的な解釈である必要がある．

グループインタビュー法は，必ず複数の目を通してインタビュー自体を実施するとともに，分析の際にも複数の分析者が担当し，単独で行うことがない点で，より客観性が高い研究法と言えよう．

Q3. 妥当性はあるのか？

A 妥当性については，得られた関係が本当に正しいのか（内的妥当性），得られた関係をもともとの集団に適応していいのか（外的妥当性）の2種類がある．

量的な研究法のように，数字で妥当性の大きさを示すことができない質的な研究法の場合，内的妥当性，外的妥当性のどちらについても，どの程度妥当性があるのかは，客観性の高い「記述」で示す必要がある．

また，どれだけ妥当性を高めるための工夫がしてあるのか，データ収集のための過程や方法は明確に示されているのか，結果の解釈が適切で再現性があるのかなど，質的な研究法における妥当性の検証の方法は，量的な研究法とは異なるものの，ポイントを明快に示すことが肝要である．

さらに，グループインタビュー法で得られた結果が，できるだけ妥当性の高いものとなるように，妥当性のかく乱要因を除くなど，あらかじめ手を打っておくことのできる部分は，できるだけ対処しておくことができる．たとえば，対象メンバーの選び方，インタビュー項目の設定の仕方，記録を完全にとっておくなどは，抜け漏れのないように実施しておく．どのような原因でグループインタビューの妥当性が損なわれる可能性があるのかは，十分に学習しておき応用することが望ましい（p.35参照）．

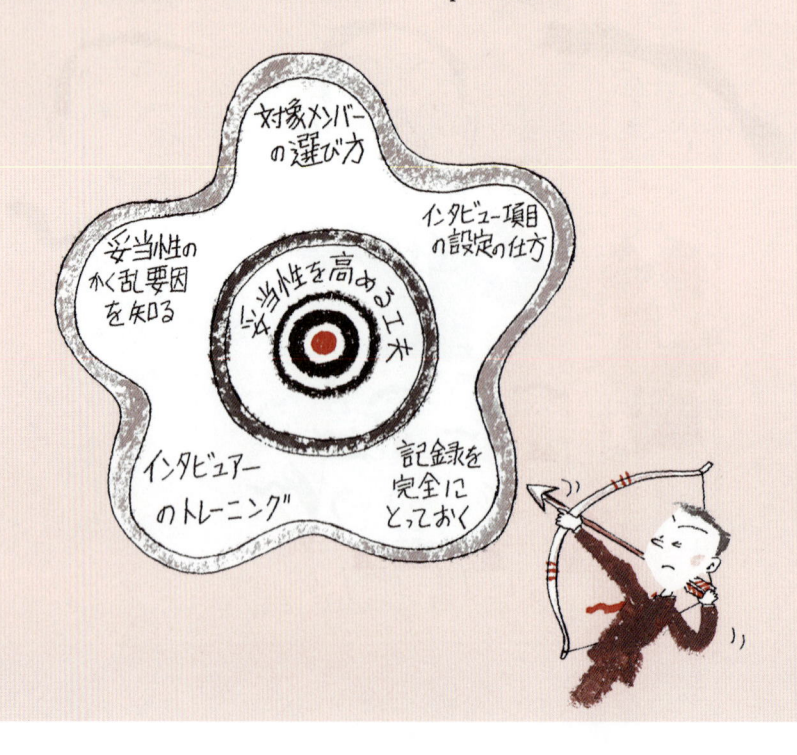

Q4. 代表性はあるのか？

A グループインタビュー法の対象者は，1つのグループについて数人であり，たとえ複数のグループインタビュー法を実施したとしても，全部で何百人もの対象メンバーの情報を集めるわけではない．情報源が限られているため，メンバーに選んだ対象自体の影響を大きく受けるのが実態である．したがって，いかに代表性のある対象メンバーを選択するかが，精度の高い結果を得る大きなカギになる．

しかし，グループインタビュー法における代表性とは，量的な研究法における，いわゆるランダム・サンプリングによる偏りがないという意味での代表性の意味合いとはまったく違うものである．質的な研究法は，平均的な答えを得るより，個性的で強烈な意見を追求する手法である．その個性が何に由来しているのか，背景要因を同時に把握することで，全体像のなかでの位置が明確になり，よりバランスのとれた代表性の高い情報の把握を意図するものである．

少なくとも，対象として選んだメンバーが，関連したテーマに関する対象者全体（母集団）のなかでどのような位置にあるのか，他者の納得できるかたちで明確に説明できることが最低条件である．そのうえで，メンバーの選出の段階では，より奥深い，幅の広い情報を得るために，メンバーの構成や背景要因の組み合わせを工夫する．

Q5 偏りはないのか？

A グループインタビュー法においては，匿名性の高い量的な調査法に比較して，個々の参加メンバーの結果に対する影響度が多大であるために，参加したメンバーの特性によって結果の全体像に偏りを生じるのではないか，という懸念がよせられる場合がある．

グループインタビュー法は，グループダイナミクスを使って，個々のメンバーのもっているニーズや考えを最大限に引き出すことを目的としている．つまり，強烈な個性のぶつかり合いから結果を生む1つの手法であると言えよう．

前提条件として，まずテーマに関連する全体の対象メンバー（母集団）のなかでの，参加メンバーの位置づけを明確にしておく必要がある．そして，グループインタビューの実施中には，参加メンバーのグループダイナミクスが全体を巻き込む形で起こるようにし，バランスのよい個性のぶつかり合いを助ける．分析の段階では，個性のぶつかり合いと同時に，その背景要因を綿密に検討することで，偏りを極力抑えた，全体像のなかでの分析を可能とする．

さらに，そのような記録を充実しておけば，もし偏りが観察されたとしても偏り自体の全体のなかでの位置を明確にすることができる．

Chapter-10
グループインタビューの分析についてのよくある質問

Q1. どうやって情報をつかむのか？

A グループインタビューの分析については，さまざまなやり方がある．1つの例としては，逐語記録と逐次観察記録を用いて，目的に沿って「意味のある項目」，すなわち「重要アイテム」を抽出していく．ラインマーカーなどで目立つようにするとわかりやすい．「重要アイテム」はいくつあってもよい．

次いで，「重要アイテム」の流れと体系を見据えるなかで，不足している内容を余白に補足する．

それら全体を類型化し，「重要カテゴリー」を設定して肉づけするかたちで整理すると，比較的容易に情報をつかむことができる（p.63参照）．

Q2. 質問項目ごとに分析するのか，テーマに沿って分析するのか？

A これはケース・バイ・ケースである．インタビューガイドの質問項目ごとに分析する場合は，インタビューの流れをそのまま活用できるので，整理は容易な場合が多い．シンプルで独立した質問項目を用意した場合などは，質問項目ごとに分析する方がまとまりやすい．

しかし，内容によっては，グループインタビュー実施中のあちこちの場面で，類似あるいは関連した内容が繰り返し討論されたり，テーマが戻ったり進んだりと，情報内容が時間内全体に散らばっていることがある．その場合はテーマに沿って分析する方が，よりわかりやすく，かつ奥深い報告となる．

Q3. 表情などの非言語コミュニケーションをどう取り込んだらいいのか？

A 非言語コミュニケーションをどの程度分析に取り込むのかは，グループインタビューの目的によって大きく違うものである．

たとえば，子どもの遊びに関するグループインタビューなどでは，非言語コミュニケーション分析法を用い，複数の子どものかかわりに関する観察による行動分析が中心となる．

一方，言語的な表現を中心としたニーズの把握や，新しい方法の検討などの場合，非言語コミュニケーションは，おおよその方向性を読み取るものとして補助的に利用する場合が多い．たとえば，発言者本人にとっては「どの程度思い入れがあるか」「どの程度他者への影響を意図しているか」を読み取る，また聞いているメンバーにとっては，発言者の意見に対して「賛成か」「反対か」「無関心か」を読み取る，程度の情報を最低限把握するために活用する．

さらにもう少し応用した方法としては，関係分析法のように各々のメンバーの関係性に注目し，たとえば発言者と聞き手との関係を，好意的な笑い，中傷的な笑い，ストレスフルなしぐさ，などで裏づけることもできる．

重要なのは，グループインタビューがどのような目的で実施されるのかを明確にすることであり，その実現に最も適切な非言語コミュニケーションの活用の仕方を工夫することである．

Q4. どれぐらいの数のグループが必要なのか？

　グループインタビューの数は，多ければ多いほど複合的な分析には幅ができるものの，時間や費用などの都合で多数の実施は難しいことがほとんどである．

　グループインタビューのグループ数の設定は，はじめから数ありきではなく，明確な研究デザインのもとに決定する．すなわち，①どのような目的を達することを意図しているのか，②そのためにはどんな対象を押さえておく必要があるのか，③その対象は，どの程度の人数がいれば十分なダイナミクスを引き起こすことができるのかなどがグループ数の決定要因となる．

　実際には，時間や費用の制限という要因の影響が大きいものの，研究デザインの設計の際に，必要なグループの数についての根拠を明確に説明できるようにしておくことが望ましい．

Q5. 主題から外れた内容についても整理しなければならないのか？

A グループインタビュー法で得られた言語および非言語表現は，必ずしもすべてを分析に盛り込む必要はない．場合によっては，主題から外れた内容に移ってしまったり，雑談的な内容が入ってきたりする場合がある．

逐語記録，逐次観察記録の段階では，後に背景要因を検討する場合に利用する可能性を残し，すべてを記録しておくが，一次分析，二次分析の段階では特に取り上げる必要のないものがあってもかまわない．

Q6. 情報の一部を無視してもいいのか？

A 主題から外れた内容や，当面主題に関係のない情報については，利用しなくてもよい．その際，その事柄が本当に利用する価値のない情報なのか，背景要因を含めて十分に検討する必要がある．

Q7. 本当はだれがグループインタビューの分析を担当するのがいいのか？

A　関心のある人なら，だれでもグループインタビューの分析を担当することができる．客観的な手順に沿って，情報を整理していくことができれば，特にその分野に精通している専門家である必要はない．ただ，ある程度の「土地勘」が働かないと，「重要カテゴリー」の抽出などは難しい場合が多い．また，そのテーマにまったくの素人では，分析にかなり時間がかかり，分析も浅薄なものとなりかねない．

ただし，グループインタビュー法の分析は，複数の人が行うことが原則である．全員が素人である場合を除いて，多少その分野の知識や経験がある人や，スーパーバイザー的な役割を果たすことのできる人がひとりでも分析担当スタッフのなかにいれば，しめたものである．

グループインタビュー法は，ヒューマンサービスの分野すべてで活用できる貴重な技術の1つである．できるだけ多くの人が分析の体験を通して，自らの技術として体得していくことが望ましいといえよう．

Q8. インタビューの結果をどう生かせばいいのか？

　グループインタビューの結果は，必ず何らかの形で実践に役立てることを原則とする．したがって，グループインタビューを設計した段階から，実践での活用を意識した分析を行うものである．その意味では，はじめから終わりまで，結果を生かすことに焦点を当てた取り組みをすることで，つねに何らかの意味ある情報を引き出す準備をしていると言えよう．

　グループインタビューの結果のなかから，特に改善した方がいい点や新しい提案に焦点を当てて，重要アイテムを抽出していくのも一法である．

おわりに

グループインタビュー法を有効に活用するために

　グループインタビュー法は，グループダイナミクスを使って，個々のメンバーのもっている創造性や構想力を最大限に引き出すことを目的としており，いわば「強烈な個性のぶつかり合い」から新しい結果を生む手法である．

　ヒューマンサービスの領域では，これまで科学的な根拠として，量的な研究法の利用が主流であり，その結果は平均的な全体像の把握に始終してきた感がある．

　グループインタビュー法の活用は，住民や利用者の「なまの声」を生き生きとした形で反映するとともに，メンバー間の活発なやりとりのなかから，個性に富む「新しいアイディア」を生み出すことができる．これは，ヒューマンサービスにおける原点，すなわち住民やサービス利用者などの「当事者主体」，「当事者のエンパワメント」にもつながるものである．

　一方，グループインタビュー法は，多数者にはなりえない少数グループの「声なき声」を汲み上げたり，言語的な表現が困難な対象についても，行動観察によりニーズを把握してサービスに反映することのできる点で画期的なものである．

　もちろん，グループインタビュー法は，質的研究法の1つであり，いわずもがな万能な方法ではない．しかし，多様化するニーズに対し，さらに適切に対応する必要性が高まるなか，従来の「平均型」の情報把握に加えて，当事者による「創出型」の情報把握の方法を採用することの意味はきわめて大きいと言えよう．

　今後ますます，啓発やエンパワメントを目的とする場合を含め，ヒューマンサービスの領域でのグループインタビュー法の活用が大いに期待されよう．

参考文献

1) Anme, T.：Retaining and Expanding Empowerment in the Transition to a Community-Oriented Support System：Japan in the 21st Century. In Leonard Heumann, Empowering Frail Elderly People：Opportunities and Impediments in Housing, Health and Support Services Delivery, Greenwood Publications, pp.65〜80, 2000.
2) Anme, T.：Predicting Mortality and the importance of social interaction：A five year follow-up study in Japan. International Journal of Welfare for the Aged, 1(1)：34〜48, 1999.
3) Anme, T.：The introduction of long-term care insurance retaining and expanding empowerment in the transition from a family to a community-oriented support system. International Association of Homes and Services for the Aging (IAHSA), 2：42〜46, 1999.
4) Anme, T.：Positive Aging：Cross Cultural perspectives Social Affiliation and Healthy Longevity. British Society of Gerontology, 29：6〜9, 2000.
5) Anme, T.：Managing the transition from a family to a community-oriented support system in Japan. In Len Heumann, Aging in Place with Dignity, pp.154〜164, Prager Publications, 1994.
6) 安梅勅江：育児支援に関するニーズ調査研究－質的把握－．真庭保健所，1995．
7) 安梅勅江：少子化時代の育児支援と育児環境評価．川島書店，1996．
8) 安梅勅江，高山忠雄：小規模自治体における保健福祉支援システムの構築．日本保健福祉学会誌，3(1)，1996．
9) Berg, B. L.：Qualitative Research Methods for the Social Sciences. Allyn and Bacon, 1995.
10) Buckley, W.：Sociology and Modern Systems Theory. Prentice-Hall, 1967, 新　睦人訳，一般社会システム理論，誠信書房，1991．
11) Bunton, R., Nettleton, S., Burrows, R. Editors：The Sociology of Health Promotion：Critical Analyses of Consumption. Lifestyle and Risk, Routledge, 1995.
12) Chenitz, W. C., Swanson, J. M.：From Practice to Grounded Theory-Qualitative Research in Nursing. Addison-Wesley, 1986, 樋口康子，稲岡文昭訳，グラウンデッド・セオリー　看護の質的研究のために，医学書院，1992．
13) Davis, E. R.：Total Quality Management for Home Care. Aspen Publications, 1994.
14) DeVellis, R. F.：Scale Development Applications. Sage Publications, 1991.
15) Dever, G.：Community Health Analysis：A Global Awareness at the Local Level. Aspen Publications, 1991.
16) Donabedian, A.：The Definition of Quality and Approaches to its Assessment. Health Administration Press, 1980.
17) Edwands, R. L., Yankey, J. A. Editors：Skills for Effective Human Services Management. NASW Press, 1991.

18) Evaluation and The Health Professions. 18(3), September, Periodicals Press, 1995.
19) Fischer, J., Orme, J. G., Bloom, M.：Evaluating Practice. Allyn and Bacon, 1995.
20) Fitz-Gibbon, C. T., Morris, L. L., Freeman, M. E.：How to Communicate Evaluation Findings. Sage Publications, 1987.
21) Fitz-Gibbon, C. T., Herman, J. L., Morris, L. L.：Evaluator's Handbook. Sage Publications, 1987.
22) Fitz-Gibbon, C. T., Lindheim, E., Morris, L. L.：How to Measure Performance and Use Tests. Sage Publications, 1987.
23) Fitz-Gibbon, C. T., Morris, L. L., Henerson M. E.：How to Measure Attitudes. Sage Publications, 1987.
24) Fitz-Gibbon, C. T., Morris, L. L.：How to Design a Program Evaluation. Sage Publications, 1987.
25) Fitz-Gibbon, C. T., Morris, L. L., King J. A.：How to Assess Program Implementation. Sage Publications, 1987.
26) Fluke, J. D.：An Automated Simulation Model for Child Protective Services. Children's Services Simulation Model（CSSM）, 1995.
27) Freeman, H. E., Rossi, P. H.：Evaluation. Sage Publications, 1989.
28) Gaucher, E. J., Coffy, R. J.：Total Quality in Health Care. Jossy-Bass, 1993.
29) Graham, N. O.：Quality in Health Care. Aspen Publications, 1995.
30) Grant, A. B.：The Professional Nurse：Issues and Actions. Springhouse, 1994.
31) Green, L. W., Kreuter, M. W.：Health Promotion Planning：An Educational and Environmental Approach. Mayfield Publishing Company, 1991.
32) Grinnell, R. M. Jr.：Social Work Research and Evaluation. F. E. Peacock Publishers, 1993.
33) Guzzo, R. A.：Team Effective and Decision Making in Organizations. Jossey-Bass, 1995.
34) Harris, M. D.：Handbook of Home Administration. An Aspen Publication, 1994.
35) Hepworth, D. H., Larsen, J. A.：Direct social Work Practice. Brooks/Cole, 1993.
36) 平野　馨：対人関係の基礎知識．日本看護協会出版会, 1995.
37) Hodgson, K., Hoile, R. W.：Managing Health Service Contracts. W. B. Saunders Company LTD, 1996.
38) Huber, H., Spatz, A.：Homemaker/Home Health Aide. Delmer Publishing, 1994,
39) Jaffe D. J.：Caring Strangers：The Sociology of International Home Sharing. JAI Press, 1989.
40) Johnson, W.：Using Risk Assessment in the Evaluation of Public Agency. Child Protective Services, 1992.
41) Kadushin, A.：Supervision in Social Work. Columbia University Press, 1992.
42) Kaluzny, A. D., Veney, J. E.：Evaluation and Decision Making for Health Services. Health Administration, 1991.
43) Karls, J. M., Weil, M.：Case Management in Human Service Practice. Jossey-Bass,

1985.
44) Kissen, M.：From Group Dynamics to Group Psychoanalysis：Therapeutic Applications of Group Dynamic Understanding. Hemisphere Publishing Corporation, 1976，佐治守夫訳，集団精神療法の理論　集団力学と精神分析学の統合，誠信書房，1996.
45) Kongstvedt, P. R.：The Managed：Health Care Handbook. Aspen Publications，1994.
46) Krueger, R. A.：Analysing & Reporting Focus Group Results. Sage Publications，1998.
47) Lewin, K.：Field Theory in Social Science. Harper & Brothers, 1951，猪股佐登留訳，社会科学における場の理論，誠信書房，1990.
48) Lewis, J. A., Lewis M. G., Souflee F. Jr.：Management of Human Service Programs. Brooks／Cole Publishing Company，1991.
49) Longest, B. B. Jr.：Health Professionals in Management. Appletonand Lange，1996.
50) Love, A. J.：Internal Evaluation. Sage Publications，1991.
51) Magura, S.：Outcome Measures For Child Welfare Services. Child Welfare League of America, 1986.
52) Marriner-Tomey, A.：Nursing Management and Leadership. A Times Mirror Company, 1996.
53) Marshall, C., Rossman, G. B.：Designing Qualitative Research. Sage Publications, 1989.
54) McConnell, C. R.：The Effective Health Care Supervisor. Aspen Publications，1993.
55) McConnell, C. R.：The Health Care Manager's Guide To Performance Appraisal. Aspen Publications，1993.
56) McCusker, J.：How to Measure and Evaluate Community Health. Macmillan Education, 1990.
57) McDwell, I., Newell, C.：Measuring Health：A Guide to Rating Scales and Questionnaires. Oxford University Press，1987.
58) Meyer, C. H.：Assessment in Social Work Practice. Columbia University Press，1993.
59) Miller, D. C.：Handbook of Research Design and Social Measurement. Sage Publications，1991.
60) Nischel, W.：Personality and Assessment. John Wiley & Sons, 1968，詫摩武俊訳，パーソナリティの理論　状況主義的アプローチ，誠信書房，1992.
61) Morgan, D. L.：Focus Groups As Qualitative Research. Sage Publications，1988.
62) Morrissey, P. M.：Examination of the Predictive Validity of Risk Assessment Screening.
63) Morse, J. M.：Qualitative Health Research. Sage Publications，1992.
64) Mott, K. O.：Leadership Skills for the Nurse Manager. IRWIN，1996.
65) Mullahy, C. M.：The Case Manager's Handbook. Aspen Publications，1995.
66) 中山慶子，間々田孝夫，渡辺秀樹・他：社会システムと人間. 福村出版，1987.
67) Neukrug, E.：Theory, Practice, And Trends in Human Services. Brooks／Cole, 1994.
68) North, N., Ritchie, J., Ward, K.：Factors Influencing the Implementation of The Care Programme Approach. HMSO，1993.

69) Patterson, M. L.：Nonverbal Behavior-A Functional Perspective. Springer-Verlag, 1983, 工藤力監訳, 非言語コミュニケーションの基礎理論, 誠信書房, 1995.
70) Patton, M. Q.：How to Use Qualitative Methods in Evaluation. Sage Publications, 1987.
71) Patton, M. Q.：Qualitative Evaluation and Research Methods. Sage Publications, 1990.
72) Patton, M. Q.：Utilization-Focused Evaluation. Sage Publications, 1986.
73) Posavac, E. J., Carey R. G.：Program Evaluation：Methods and Case studies. Prentice Hall, 1996.
74) Ragin, C. C.：Comparative Method-Moving Beyond Qualitative and Quantitative Strategies. University of California Press, 1990, 鹿又伸夫訳, 社会科学における比較研究, ミネルヴァ書房, 1993.
75) Rapp, C. A., Poertner, J.：A Client-Centered Approach. Longman, 1992.
76) Renzetti, C. R., Lee, R. M.：Researching Sensitive Topics. Sage Publications, 1993.
77) Rogers, H. J., Swaminathan, H., Hambleton, R. K.：Fundamentals of Item Response Theory. Sage Publications, 1991.
78) Rose, M.：Quality Supervision Theory and Practice for Clinical Supervisors. Saunders, 1996.
79) Rossi, P. H., Freeman, H. E.：Evaluation A Systematic Approach. Sage Publications, 1993.
80) Rotunda, R. D.：Professional Responsibility. West Publications, 1995.
81) Rubin, A., Babbie, E.：Research Methods for Social Work. Brooks／Cole, 1993.
82) Salus, M. K., Morton, T. D.：Supervising Child Protective Services Caseworkers. NCCAN, 1994.
83) Schrver, J. M.：Human Behavior and the Social Environment. Allyn and Bacon, 1995.
84) Scriven, M.：Evaluation Thesaurus. Sage Publications, 1991.
85) 瀬畠克之・他：質的研究の背景と課題－研究手法としての妥当性をめぐって. 日本公衆衛生学雑誌, 148(5)：339〜343, 2001.
86) Shadish, W. R. Jr., Cook, T. D., Leviton, L. C.：Foundations of Program Evaluation. Sage Publications, 1991.
87) Shaw, I.：Evaluating Interprofessional Training. Avebury, 1994.
88) Shortell, S. M., Kaluzny, A. D.：Health care Management. Delmar Publishers, 1994.
89) Smith, M. J.：Program Evaluation in the Human Services. Springer Publishing, 1990.
90) Soothill, K., Mackay, L., Webb, C.：Inter professional Relations in Health Care. Edward Arnold, 1995.
91) Souflee, F. Jr., Lewis, J. A., Lewis, M. D.：Management of Human Service Programs. Brooks／Cole, 1991.
92) Standards for Health Care Services for Children in Out-Of-Home Care. Child Welfare League of America, 1988.
93) Standards For Independent-Living Services. Child Welfare League of America, 1989.
94) Standards of Excellence for Residential Group Care Services. Child Welfare League of

America, 1991.
95) Stecher, B. M., Davis, W. A.：How to Focus an Evaluation. Sage Publications, 1987.
96) Stevens, G. H.：The Strategic Health Care Manager. Jossy-Bass, 1991.
97) Strasser, S., Davis, R. M.：Measuring Patient Satisfaction for Improved Patient Services. Health Administration Press, 1991.
98) Stewart, D. W, Shamdasani, P. N.：Focus Groups-Theory and Practice. Sage Publications, 1990.
99) Strauss, A., Corbin, J.：Basics of Qualitative Research. Sage Publications, 1990.
100) Subcommittee on Children and Families, Child Protection：Balancing Diverging Interests. Senate Committee on Labor and Human Resources, 1995.
101) 高山忠雄：筋電義手の人間系評価．人間工学，14(5)：271～277, 1978.
102) 高山忠雄，安梅勅江：障害者福祉支援としての福祉機器の有効活用化に関する研究．社会福祉学，30(2)：1～8, 1989.
103) 高山忠雄，安梅勅江：高齢者福祉支援としての福祉機器の有効活用化に関する研究．社会福祉学，31(2)：9～15, 1990.
104) 高山忠雄，安梅勅江：県域レベルのリハビリテーションシステム．国立身体障害者リハビリテーションセンター紀要，10, 1992.
105) 高山忠雄，安梅勅江：グループインタビュー法の理論と実際．川島書店，1996.
106) Thomas, E., Rothman, J.：Intervention Research. The Haworth Press, 1994.
107) 梅沢伸嘉：実践グループインタビュー入門．ダイヤモンド社，1993.
108) Vaughn, S. et al.：Focus Group Interviews：in Education and Psychology. Sage Publications, 1998, 井下　理監訳，グループ・インタビューの技法，慶応義塾大学出版会，1999.
109) Waltz, C. F., Strickland, O. L.：Measurement of Nursing Outcomes 1：Measuring Client Outcomes. Springer Publications, 1988.
110) Waltz, C. F., Strickland, O. L.：Measurement of Nursing Outcomes 2：Measuring Nursing Performance. Springer Publications, 1988.
111) Waltz, C. F., Strickland, O. L.：Measurement of Nursing Outcomes 3：Measuring Clinical Skills and Professional Development in Education and Practice. Springer Publications, 1990.
112) Waltz, C. F., Strickland, O. L.：Measurement of Nursing Outcomes 4：Measuring Client Self-Care and Coping Skills. Springer Publications, 1990.
113) Wenzel, R. P.：Assessing Quality Health Care：Perspectives for Clinicians. Williams & Wilkins, 1992.
114) Wilson, L.：Peter Goldschmidt Quality Management in Health Care. McGraw-Hill Book, 1995.
115) Witkin, B. R., Altschuld, J. W.：Planning and Conducting Needs Assessment. Sage Publications, 1995.
116) Yegidis, B. L, Weinbach, R. W.：Research Methods for Social Workers. Allyn and Bacon, 1991.

付録

インタビューガイド
逐語記録，観察記録，分析シート
完成報告書

20XX.○.○　○○保健センター　○○課

健康日本21の策定のための専門職に対するグループインタビュー
インタビューガイド

1. 目的

　当市の地域特性を生かした健康日本21の策定に向け，各種専門的な立場からの情報を整理し，質問紙作成に役立てる．また，住民参加を重視した効果的なサービスを提供するために必要な条件を明らかにし，今後の総合的な地域サービス提供システム検討への一助とすることを目的とする．

> 明確な目標
> 具体的な目標

2. 対象

　当市の地域特性，保健福祉サービスにおける課題に精通している下記の各種専門職　10名.

1) 保健師（子どもから高齢者まで健康増進を担当する主任クラス以上）
2) 訪問看護職（主任クラス以上）
3) 医師（環境衛生，産業保健領域に明るい人）
4) 歯科医師（地域の寝たきり者，障害者への対応に明るい人）
5) PSWまたは保健師（地域の精神保健担当）
6) 栄養士（地域の栄養改善活動担当）
7) ケアマネジャー（介護福祉士の資格と経験のある人）
8) ソーシャルワーカー（障害児者の在宅支援に明るい人）
9) 運動療法士（地域の健康づくり運動担当の主任クラス以上）
10) 養護教諭（園児と学童生徒の健康について明るい人）

> 条件明示
> 具体的な対象特性の明示
> 具体的な特性を（　）内に示す．
> 参加メンバーの特性が明確になることで，妥当性を高めることができる

3. インタビュー内容

1) 健康日本21に反映する必要のある当市の健康，福祉に関する地域特性，課題．
2) 各種専門職からみた健康日本21策定において必要となる調査項目．
3) 住民参加を重視した健康日本21事業の推進に必要な環境条件．
4) 今後の展開へのアイディア等．

　　　限られた時間なので具体的に3〜5項目程度の柱を設定しておくとよい

逐語記録，観察記録，分析シート

👤 は特に，他者への影響力を強く意識している，自信が強いことを示す．

発言者	内 容	反 反応 分 分析
司会	はじめまして．司会を担当させていただく○○の○○と申します．さて，今日お集まりいただいた理由は，当市で健康日本21の施策をつくるにあたって，どのような方向で進めていけばいいかを伺うためです．今日はよくばっていろいろな専門職の方，各専門職の代表選手として1名ずつ集まっていただきました．皆さんの専門性，バックグラウンドを踏まえてのお話をいただきますが，それを越えたところでも是非どうぞ． 　時間が限られていますので，伺うことを3点に絞りたいと思います．国の方では健康日本21をこんな風に作ってほしいという枠組みがあります．まず「地域特性をきちっと反映させる」ということです．そこで，皆さんのバックグラウンドから見て，または今までのキャリアからでも構いませんので，「当市の特性」としてこんなものがあるんじゃないか，だからこんな風に健康日本21に反映させていけばいいんじゃないかというご意見をいただきたいのがまず1点．おのおのの立場からお願いします．	反 1，2，3，5，6，7，8，9，10 メモをとる まず，簡単に自己紹介 理由は最初に明確に示す 具体的な目的は3点ほどに絞って提示するとわかりやすい
司会	それから二つ目は，この健康日本21では，予防，とくに，今までよりももっといわばグレーゾーンのホワイトに近い方の予防に力を入れていこうとしています．そのためにきちっと指標を作って，その指標が本当に実現されたのかということを定期的に評価していこうということになっています．じつは，その指標のおおもとになる数字を得るよう，アンケート調査をこの夏から秋にかけて行います．そのアンケート項目には，どのようなものを入れなければならないのか，ホワイトに近いグレーということを意識しながら，これは是非必要，これはできればあった方がいい，などの項目について皆さんの専門的なご意見をいただきたい．これが2点目です． 　3点目ですが，この施策を推進するあたっては，これまで以上に連携を深めていかなければなりません．その体制作りということが重視されています．そこで，現状において連携の面で何か課題を感じていらっしゃるとか，こんな風にした方がいいんじゃないかとか，こんな風に工夫しているとか，生の声をお伺いしたい．実際指標を作って，実現していくためには，連携体制をどうやって作っていくかがとても重要になります．是非忌憚のない御意見をお願いします． 　さて，3点について伺うといいましても，ひとつひとつが大きなテーマです．なるべく時間内に終わるよう努力しますが，みなさんからさまざまなご意見をいただけましたら幸いです．	反 1，2，3，5，6，7，8，9，10 メモをとる 方法の説明はわかりやすく，簡潔に．しかも抜け漏れなく
司会	もう一つお断りしておかなければいけないのは，今日の進め方についてです．皆さんの前に見慣れない番号が並んでいます．今日はグループインタビュー法という方法を使って，皆さんのご意見，せっかくスペシャルな方たちに集まっていただきましたので，抜け盛れなく，科学的な方法を用いて生かしていこうと思っています．皆さんは今日は個人ではなく，その職種を代表する方になっていただき，この番号札が皆さんのお名前の変わりです．そして自由にご発言いただきたいのです．例えば私が，「6番さんお願いします．」と言った時には，「6番ですが，」と答えてお話ください．それに対して，どなたでも自由に質問して構いませんので，たとえば9番さんでしたら，「はい，9番ですが6番さんに対して，」と挙手してお話ください．そんな形で，意見を述べ合うという方法をとらせていただこうと存じます．	反 全員顔を上げる 具体例をあげるとわかりやすい 必ず方法を理解したかどうか確認すること
司会	何かご質問はありますか？	反 反応なし

発言者	内　容	反反応　分分析
司会	また，記録を取らせていただきますが，よろしいでしょうか．これはあくまでも分析のためだけに使います．皆さんのお名前が外に出て，後で責任を問われる，などとということは決してありませんので，安心して言いたい放題おっしゃっていただいて結構です．時間は90分ほどを予定しています． 　それではよろしいでしょうか．早速始めさせていただきます． 　まず，第1点目として当市の特徴，皆さんのバックグラウンドからごらんになった特徴を，ちょっと専門職としての背景と自己紹介をかねて，一回り伺っていこうと思います．じゃあ，番号順じゃないですけれど，1番の方からどうぞ．一言ずつ，専門的な背景と当市の特徴をわかりやすくお願いします．	反1〜10 記録に対する反対無し 4 責任のところで笑 必ずことわること 緊張をほぐすために答えやすいテーマで自己紹介的に一巡するのもよい
1	職種とかも？	
司会	ええ，職種も．	
1	職種ですけれども，えっと，保健師です．ここに勤めて21年目になります．えっとぉ，ずっと，あのぉ，地域の保健師として活動してきました．本当に赤ちゃんからお年寄りまで，いろんな方と，あのぉ接している中で…，あのぉ，どいうことでいいですか？　何か感じていることでいいですか？	すべての言葉を逐語で
司会	どうぞ．	
1	あのぉ，なにかやっぱり，地域差がありまして，地区もいろんな所を5箇所ぐらい変わりまして，あのぉ，街中だとか田舎の方だとかすごく地域差があるもんですから，ひとまとめにして当市はというよりも，地区ごとって言うのかな？　エリアごとに特性を踏まえながら活動をしていけるといいなと，感じています．	反5，8，9，10 メモをとる 7 うなずきながら 分地域差←都市部，農村部の違いが大きい
司会	例えばどんな風な？	語らいの促進
1	ああ，そうですね，あのぉ，田舎の方だと結構，おじいちゃんおばあちゃんがお元気で，あのぉ，農業やってまして，あのぉ，それなりに生活しているようなんですけれど，やはり街中にくると，あのぉ，ひとり暮らしとかっていう方もうんと多いし，なんかやっぱり，あのぉ，閉じこもり予防的なそういうグループがいくつかできていたりするところもあれば，田舎は老人クラブがそういうふうにきちっとなっていまして，そちらの方に参加している，っていう方もいらっしゃるので，あのぉ，保健師の方にかかわる活動も違ってくるなぁと思っています．うん．	反5「田舎」と「街中」の部分に強くうなずく
司会	はい，ありがとうございます．じゃ，また一回りしてから．よろしくお願いします．	必ず返事を何らかのかたちで返すこと
2	はい．私は看護師です．何十年間かの経過では臨床では8年間，それから看護教育の方に18年間携わりまして，行政にただ今入りまして8年目でございます．で，現在当市の訪問看護ステーションで管理者をやっておりますけれども，えっとぉ，今回は職種を代表するという立場でお話をということでございましたので，どういう特性ということなんですけれども，えっとぉ，ほとんど，高齢者の方に現在接しておりますけれども，あのぉ，昨年度の12年4月から介護保険制度というのが施行されまして，やはり制度と従来からの高齢者の考え方のギャップですか？　それから新しい制度にスムーズに，非常に感覚的で申し訳ないんですけれど，流れて，いききれていないような感じが現在しております．やはり高齢者，超高齢化社会ということで，高齢者，それからそれを取り巻く介護者，家族，地域社会ということを見つめていきたいなというふうに現在考えております．	反7，8，9，10 メモをとる 全員顔を上げて発言者を見る 4 腕を組んで肯定的

発言者	内　容	反 反応　分 分析
3	あの，自己紹介とそれから地域の特性ですね．	
司会	はい．	
3	あの，こちらの用紙の右側のいちばん下のところを一応ごらんになってください．	反 3 レジメを配る
司会	3番さんは資料をまとめてくださったんですね．ありがとうございます．	メンバーの行為をポジティブに受けとめたことが相手に伝わるようにして返事を返す
3	多分出るんじゃないかと思ったんで．	
一同	あははは．	
3	あのぉ，私がどの職種の代表とすべきか，あのぉ，何を求められているのかわからないので，一応一通り申します．	
司会	どうぞ．	
3	主な仕事は内科の医者です．特徴としては呼吸器を主にやっていましたけれども，あのぉ，たまたま非常にアカデミックを重んじる病院に13年勤めまして，で，これはあのぉ，患者さんの解剖を通して，一体病気の元がどこにあるのか，あのお，非常に生活習慣とからめての解析をしているところだったものですから，あのぉ，生活習慣病については，特にタバコの害は，非常に具合の悪いものだと，目の当たりにさせていただいています．これは一般の病理の先生はただ解剖をなさるだけ，一般の内科の先生は患者さんをみてそこで終わるんですけれども，その先を，病理のレベルまで検討させていくかとか，それがさらに生活習慣を通して，その結果どうなったかということをかなり綿密に見させていただいたおかげで，生活習慣病については，一応，一家伝を持つにいたっております．他の仕事としては，これはあのぉ，当市の一次救急の元締めの責任を承っています．もう一つが，当市の健康診断，特に中小企業の，産業医を持たないような所の健康診断を主体とした健康診断，およそ1万4千人の方達の健康を預からせていただいている立場にあります．で，3番目のは産業医として，これは事業所を現在は三つほど抱えています．たまたま，あのぉ，前にいた病院で厳しく訓練を受けまして，産業衛生コンサルタントの資格も所有しています．で，何を代表としたらいいのだろうなぁと…．	反 全員顔を上げて聞く　タバコの害にうなずく 話し手の考えが最も引き出せるよう，なるべく判断をつけない状態で自由に話してもらうとよい
司会	全部代表していただいて．	
3	はい，はい．	焦点がぼやけた場合，絞り込む質問を投げかける
司会	で，特性と言いますと？	
3	特性は，一応こちらの下の方にありますけれども，あのぉ，私は○県中部出身だから，ここへ来て気がついたのは，当市の地域文化っていうのは職人文化が主体である．例えば，凧祭り一つとっても，凧祭りって言うのは，職人が凧を操るという同じ土俵で自分達の技術を競うお祭りだと．それが大半祭り，というのは当市の特徴が職人文化．それがよそから来て気付いたことです．ちなみに，江戸っ子っていうのは，当市の職人を家康公が連れてって，向こうに根付いたから．江戸っ子文化は兄弟文化なんですよね．ですから一心太助といったら，森町出身の石松も非常に性格的に似ている．本人の元の性格はわからないけれど，今に伝わっているこれは，あの，当市の典型的な性格の一つを表している．	反 職人気質でうなずく　森の石松で全員笑う 分 職人文化
3	で，2番目の点は，当市の塩分摂取量は東北に匹敵するか上回っている．これはあのぉ，東北地方は味が濃いのは有名なんですけれども，東北から来た人が当市の食事は塩辛くてかなわないと，おっしゃられたという話があるし，それから	反 5 目を上にして，うーんという表情

発言者	内　容	反反応 分分析
3	京都で行われている塩分付加試験をやってみたら，こんな薄い味の食事は食べたことがないと，いつもはもっと濃いということで，塩分負荷試験が通常の食事よりも，はるかに塩分が少ないと言うことがあるんで，塩分摂取量がよそに比べて極めて多い，だけれどもそれが意外と知られていないということがある．	分 塩分摂取多い
3	3番目は，禁煙のことについてなんですけれども，世界的には禁煙に対する態度というのは5つに分類されていて，一つが未企画期，あるいは無関心期．一つが企画期．それから準備期に入り，実行期の時期に入るというのが一般的なんですけれども，実際に当市で禁煙指導をして気がついたことなんですけれど，この未企画期の中をさらに三つに分けなければ実際的ではないということなんで．それは一つは喫煙推進派，その次が頑固喫煙派，三番目が世間一般で言われている喫煙無関心派の三派．これがあのぉ，細分しないと具合が悪いだろうと感じています．ですから，アンケート項目は例えば以下の項目を加える必要があるだろう，ということで，あのぉ，禁煙者には積極的にタバコを勧める，未成年者にもタバコを勧めている，禁煙区域でもタバコを吸う．これはあのぉ，文句を言ってきたら，そんなことは憲法に書いていなければ，法律にもないと，食ってかかることを目的として，これ見よがしにタバコを吸う．これがあのぉ，喫煙推進派で，当市で目立つタイプ．さすがに目立ちますね，こういう人は．その次が，断固喫煙派．絶対に止めないと堅く決意している方たち，これは絶対タバコを止めない．それから禁煙を進められると腹が立つ，タバコのよさを是非みんなに伝えたい，マスコミなどでタバコの害を言われるのは非常に腹立たしいと，これはあのぉ，例えばアンケートの項目にこれに類することを入れないと，喫煙者の実態は浮かび上がってこないと思います．それから，当市では歩行喫煙者等が非常に多いものですから，当市で調査をしてみると，非喫煙者のほとんどは受動喫煙者となっている．ですから受動喫煙ですでにタバコの害は発生しているから，タバコで害のある人たちを基準にタバコの害を調べたのでは，これはあのぉ，喫煙の直接の害が過小評価される可能性が極めて高いだろうと，これも言っておく必要が一応あるのではないかと，考えております．ま，以上です．	反 メモを見ながら 分 禁煙教育の重要性
司会	はい，ありがとうございます．大変幅広い分野を代表して，貴重なご意見をいただきました．じゃあ，4番さんお願いします．	ポジティブな受け止め方が相手に伝わる簡潔な表現を用いる
4	私は歯科医師をしています．ここの健康増進課の口腔保健医療センターという所の所長をしています．えーと，こちらに来て，当市に来て5年目になるんで，それまでは○○市でずっといました．えーと，まぁ，専門というのは僕は予防歯科というのが専門なんで，えー，まぁ，医科でいう衛生学，公衆衛生学というようなことと，臨床予防医学というのとミックスしたようなことなんですけれど，まぁ，それをずっと，10年，まぁこちらに来てもう，仕事自体そういう感じでずっと，あのぉ，10…何年前なのかな？　えー，やってます．えー，まぁ，○○にいたときも大学の研究室でずっとやってたもんで，どちらかというと，田舎の，市内ではなく，市外の，まぁ，町村辺りからの依頼で研究半分，町村手伝い半分の仕事をしてましたから，結構田舎の事はわかっている．こっちきてからは，中核市なんで，まぁ，○○市自体中核市なんで，規模は同じくらいなんですけれど，都市の地域医療っていうのか，いうのに，少し興味あって，まぁ，これからの日本の年功性，地域保健が，都市型か農村型に必ず分かれていって，やり方，手法を決めなくちゃいけないなぁというのが昔から思っています．まぁ都市，都市でどういう風な，地域保健をやっていくかというのに，今はまぁ，実際仕事をしながら，えー，まぁ，そこをまぁ…．	反 全員顔を上げて，4を見て，聞いている

発言者	内　容	反反応　分分析
4	当市の特徴っていうのはですね，えー先ほど職人文化というようなところも，僕は，どちらかというと大企業中心，職人といっていいのか，製造業絡みの大企業中心の4つか，5つか…まぁ，例えば自衛隊のようなものも企業と考えていただいていいですけれど，あのぉ，街で聞くと，何処で働いていますというのがですねぇ，そのぉ，ヤマハで働いています，スズキで働いてます，そういうのなので社会ができ上がっているというか，そういう街の特徴があるなぁと，よそから来た人間からいって思うところですねぇ．	反 6，7，10 うなずく 分 職人（企業人）文化
4	で，まぁ，そういうことを踏まえて，ここの，まぁ中途半端な都市なんですよね，まぁ中核市というのは実際に見ると．もうちょっとちっこいとやりやすい．30万ぐらいだとやりやすい，5,60万というのは，区を作るわけにもいかないし，あのぉ，いろいろ地域保健をやるなかでも，ちょっと効率が悪かったり，距離があったりとか，中途半端な都市で，どういうふうにしていくか，また，それに今言った職業的な，その，バックグラウンドを持っている人をどういうふうに分けていくかとか….もちろん，当市の中でも街中と郊外とではだいぶ保健についても違うし，それは分かる．それはどこの地域でもでるんですが，えー，それ以上にそういうものを付け加えてやったらどうなのかな…というふうに．	反 5 うなずく
4	えー，後，僕，先ほどのお塩のことで今，非常に感銘を受けているんですけれど，当市の食事は非常にまずいと，いうのがまぁ，他の人は気付いてないとか，話に出ないとか，あのぉ，特に僕は外から来た人が非常にまずいと言うのは，この塩分のことかなと思って，とてもおいしくない．ごはんがね．ごはんっていうか，おかず全体がね．こんなに新鮮な海が近くにありながら，なんでこんなにおいしくないのか，一つ塩の問題とかが，そういうのがあるのかなぁ，まぁそういう食文化なんかも，まぁ，職業を離れて食べること好きなんで，えー，そんなのを一つ加味して考えたらおもしろいかなと，今ちょっとひらめいたんですけど．	反 全員笑ってうなずいたり，興味を示す 分 食文化 ひとりのメンバーの話が長くなりそうな場合，話題の余韻を残しながら次へ進むとよい
司会	食事の話は後でゆっくりと…．はい，5番さんお願いします．	
5	はい5番です．保健師として仕事をして来て，20数年なんですけれども，この4月にこちらの健康増進課に異動で戻ってきたと言う形なんですけれど，その前，過去5年間なんですけれど，精神保健の仕事についていました．で，今日，私は保健師というよりも，精神保健福祉士として発言をさせていただきますので，5年間のその仕事の中で感じたことを少し発言させていただきます．その5年の間に資格もとりました．で，資格をとりまして，やはりそういう職種の人たちと接することによって，何かしら共有できるものがあるのではないかと，それが仕事の方に役立っていくのではないかということで，やってきているわけです．5年前に私が，保健師として専属して，あの，従事した時に，真っ先に名古屋から転勤してきた病院のDr. から「当市はまぁ，○県に比べて精神保健は20から30年遅れている」といわれました．それまでも，あのぉ，保健師として，精神保健の仕事にも従事していたんですけれど，割合とすると，非常に少ない割合のなかで，そんなに遅れているのかと私自身の中で，ぴんとこないところがあったんですけれど，でも，よくよく考えてみると，当時，精神保健に関する施設はまったくなかったし，あっても，しっかりとした活動がされてなかったという状況があって，これはいけないというような所で，まぁ，保健師としてやれる部分の相談業務というのを一生懸命，私なりの力でもってシャッターを上げていくというところで，いろんなところで関係を作ることができて，その5年前とこの春までの違いというのが，5年前というのは地域の中で，精神障害者を排除するという，まぁ，差別偏見という問題は払拭できるものではないんだけれども，あの，それを待って	分 精神障害の領域は必ずしも先進的とはいえない 反 1，8，10 大きくうなずく 3以外顔をあげて聞いている 3はメモ（？）している，5ではなく違う方をみている

発言者	内容	反 反応　分 分析
5	いてもいけないから，関係者がどんどんそういう仕事を進めていくということなんですけれども，あのぉ，排除ということに結構，随分こちらの方，行政がなんとかしろということなので，感じる部分があったんですけれど，今も実際あります，あのぉ，やはり迷惑行為というような部分で相談があるんですけれど，この間変わってきたのは，あのぉ，この人と，この障害者の人と地域の中で何とか暮らしていくためにはどうしたらいいですかというような相談がこう，でてきた．	
5	と，いうことがこの5年間の変化の中で感じています．で，それはあのぉ，やはりマスコミなんかでもいろんな形で精神障害の問題を取り上げられるようになったというのが，一つの変化だと思っています．あと，地域の問題としては，やはり偏見の問題，差別の問題というのは，どこの地域も同じようなことでこの当市にもありますし，最近でも，あの，病院建設について地域の住民の強い反対があったりとか，そういうことは他の町の問題ではないなと感じています．で，あのぉ，20年から30年遅れていると言われる中でも，平成10年から社会福祉施設が出来たりとか，市民の中で精神障害者を支えていこういうグループが出てきたりとか，ということで，少しずつこう，変化があるなということを感じています．それからあのぉ，去年かな，ある市民団体が精神障害者を理解しようということで，映画会をやったんですけれども，二日間に分けてやった映画会が，非常にたくさんの人が来て，余分に，もう一度日を設けたということがあって，理解に対する意識というのが，少しずつ，あのぉ，感じられるところがあるかなというところが，今あります．以上です．	
司会	はい，ありがとうございました．6番さんお願いします．	
6	はい，えーっと，管理栄養士の代表ということでこちらにお邪魔させていただきました．多分，一番若輩者なんですけれども，私の仕事はずっと同じ場所で，今年2年目になります．ふだんは市民の方への栄養指導が主になっているんですけれども，ただ，お会いする方たちっていうのは，小さいお子さん，もしくは40歳以上のご家庭の主婦であったり，年配の方であったり，という方たちが中心になっていますので，先ほどの当市の特徴という意味で，大企業がいるよ，という話がでてきましたけれども，最近では国の調査を見ていましても，20代，30代の男性の食生活はかなり乱れていると言われていますので，そういう方たちの直接の指導は私達はできていないというのが先ほどお話を聞きながら感じたことでした．で，当市の特性ということなんですけれど，そうですね，一応，生まれは当市で，6年間ほど名古屋に勤めていたことがあるんですが，その後，大学で4年間京都にいました．	反 全員顔を上げる 1, 7, 10時々うなずく
6	あの，先ほど，3番，4番さんがおっしゃっていたことですけれども，当市の塩分は多いと出ていましたが，それは私も同感です．実は以前，食事をしに行ったときにですねぇ，そこの板前さんとちょっとお話をしたときに，元々京都で修行をされた方だったんですが，京都の味だと，結局当市ではおいしくないので，あえて当市版にあえて味を濃くして出しているという風におっしゃっていた話を聞きましたし，実際そうだろうなぁ，と，私も思っています．で，後，もう一つ，1番さんがおっしゃっていたんですけれども，当市は中心部は昔からの，なんていうんですか，ここでいう職人文化になるんだと思うんですが，地方はまだ農家，農村部というところが強くって，私達が指導をする時に一番気をつけなければいけないのは，食事の摂り方っていうのはすごく個人差が激しいというところです．なので，今いちばん気をつけている部分は農村部ではどうしても田園地帯が広がってますので，主食のごはん，穀類ですね，摂取量が比較的多め，ですね，お	反 3 大いにうなずく 4, 5 うなずく 分 塩分過多 分 都市部と農村部の評価の基準の違いに注意が必要

発言者	内　容	反 反応　分 分析
6	茶碗一杯という一杯が，いわゆる仏様のごはんのような一杯であったり，逆に中心部にお住まいの方というのは，本当に軽く一杯であったりと，一杯の基準が，市内でもかなり差があるというのが実状なんですね．なので例えば主食については，秤で計って申し訳ないけれどきて下さいと，ご案内したりもします．そんな形で，当市といても，食事の摂り方っていうのは，住んでいる地域によっても違うし，世代によっても違うし，本当に個性が出てきているな，個人差が出てきているなというのが実感としてあります．	
司会	ありがとうございました．一通りいきますね．では7番さん．	
7	はい．私は，社会福祉協議会の方で，ホームヘルパーということで，16年程，ヘルパーの仕事をさせていただきました．そして，去年から介護保険になりまして，うちの方のサービスもするようになりまして，まぁ，私はケアマネジャーという事ではなくて，私はサービス提供責任者という形で，置かれていました．ですから，16年ですね，そういった職能上を通して感じていることは，まずですねぇ，私達のホームヘルプサービスというのは行政の方の措置の中で過去，15年間は行われていると，まぁ，私の勤めていた15年間は行われていたという感じもありまして，主にですねぇ，低所得層が非常に多かったと，金銭的にも非常にサービスを受ける，様々な生活，日常生活にサービスを受ける非常に慎ましやかな生活の中で，ホームヘルプサービスを利用していただいたというような部分があります．まぁ，介護保険になってからも，そういう部分は引っ張っておりましたので，どちらかというと，1割負担のサービス，1割負担だけれども最小限のサービスで，ということで，ホームヘルプサービスがその介護保険の中であまり利用されていない感じは受けていました．たまたま私，介護保険の認定審査会の方へ入っておりまして，そういう中でも，いろいろな要介護者のサービスの実態を審査会の中で見てみますと，ホームヘルプサービスというのをこの地域はあまり利用されていない，当市の中で利用されていない，というのが当市の中での実態かな，と思いました．	反 10は3のレジメを見ている．すぐ聞く方にもどる 全員聞いている肯定 分 サービスの利用に特徴あり
7	いろいろな絡みがあるでしょうけれど，まず，措置のときに全国的にホームヘルプサービスをもっと盛んに，活発にするようなことで，厚生労働省の方から御ふれが出たんですけれども，恥ずかしい，私が恥ずかしがることもないんですけれども，静岡県のホームヘルプサービスの利用率がワースト2と言うことで，非常に最下位の方になったということで，これはどういうことかなということもいろいろ，自分なりに考えてみますと，まず，この東海道筋にある当県というのは産業が非常に発達していて，ホームセルスサービスを利用するより，お金で解決した，病院の方，あるいは施設の方へ入れてしまって，というのも変ですけれど，お願いして，自宅の方でじっくり介護をする方というのも少ないんじゃないかな，という感じもしました．事実，当市は施設も病院も非常に多いということもありまして，そういった絡みもありまして，ホームヘルプサービスの利用率というのが低かったのではないのかなという風に感じたりもしています．で，あのぉ，今実際に思うことは，あのぉ，実際に介護者等がいるお宅に行っても，将来的には自分のうちでしっかりと要介護者を看取るんだというような姿勢をしめしている方は非常に少なく，やはりできれば病院や施設で最後はお願いしたいというようなこともチラチラ聞かれていますので，あの，非常にそれぞれのお宅が，できれば女性が介護以外の所で収入を得て，介護はその専門家におまかせたいな，というような意識が高いんじゃないかなと感じることが多いです．そうは言っても，当市でも地域性がありますので，中心部でそうであっても，割合農村部に行きますと，まだまだ近所の手前があって，嫁さんが看なければいけない，女性が看なければいけないというのが，非常に強い地域もありまして，実際にホームヘルプ	反 1大きくうなずく 4，5，6，8メモ 全員肯定

発言者	内容	反反応 分分析
7	サービスで，初回に訪問してみますと，本当に悲惨な状態で寝かされていたり，あるいはもう，死ぬ寸前にホームヘルプサービスをやっと利用していただいて，何回か行くうちにもうその人の人生が終わってしまうというようなものもありますので，そこら辺が一くくりで，病院や施設ばかりを利用される方はなくて，えー，地域の所見においては，介護の部分では昔のあれをひっぱって，生活されている方も結構あるなぁというのが，感じております．そんな感じです．	
司会	はい，ありがとうございます．では，お願いします．	
8	8番です．私は総合病院のソーシャルワーカーとして31年勤めてまして，今また単科の眼科の病院のソーシャルワーカーをしています．長いこと病院の相談室というところで仕事をしておりまして，いろいろ障害者の方の相談にのることが多いんですが，あのぉ，当市が例えば本田宗一郎に代表されるように，あの，やらまいかの精神が脈々と息づいているということは感じることがあるんですね．私自身が，総合病院の中の病院の創設者の健診とか，それから今の病院長の精神が何とかすごくがんばろうという，あの，患者さまのためにがんばろう，という精神でやっているということを感じるものですから，そういった当市市内にはまだそういった特にがんばっている，やらまいか精神というのまぁ，そういったがんばっている医療や福祉の分野の方が非常に多くいるんじゃないかと思うんですけれど，特に，いったんこう，そこにいらっしゃる患者さまがどうかというと割合と，そういう精神についてこれなくて，何か，声をかけても，受身で待っているというような方が多いんですね．あのぉ，声をかけても「言ってくれなかった」，「やってくれなかった」という「これない」「これない」という感じで，もうちょっと，あのぉ，患者さん自身が能動的というか，質問してくるというか，あのぉ，何か要求してくるということがちょっと少ないんじゃないのかな，っていう風に思うんです．でも，私自身は一緒に働いている人たちは本当にやる気のあるっていうか，そういう人たち，福祉の分野でももう，うちの病院じゃなくって，他の地域でそういう人たちをいっぱい知っていますので，なんとか患者さんがた，紹介者の方がそういうところに結び付けれるように障害者の方たちが積極的になるにはどういうふうにしたらいいかというようなことを相談という仕事を通して，感じて，考えてきていました．えー，…，ごめんなさい，ちょっと今，あのぉ，思い出したことを忘れましたので，後でまた…．	分 やらまいか精神 反 全員肯定
司会	ええ，はい，では9番さんお願いします．	
9	よろしくお願いします．現在，当市アリーナの方に勤めております．えっと，一応，スポーツ関係ということで，今回参加させていただいていますけれども，アリーナでの活動について皆さんにご紹介をさせていただきながら当市の特徴にふれたいと思います．言い忘れましたけれど，以前…，勤め始めたのが今年の4月からでして，3月までは小学校の方に勤務しておりまして，だから学校での体育，それから社会体育の形で，両方をみていく…ですが，生まれも育ちも当市ですから，大学に行っていた4年間も当県にいましたので，当県から出たことがない人間なもんですから，よそと比べるといったことから，特徴をうまくいえないもんですから…．アリーナとしましては，施設，体育館が2面ありまして，広い体育館，それからサブアリーナにご利用いただいて，それがいちばん目立つ活動だと思うんですけれど，それ以外にトレーニング室といいいまして，バーベルだとか，そういった機械を使って皆さんが日々健康作りに励んでいただくような施設，道具の方も最近言われるインデアカーですとか，ソフトバレーと言った，いわゆるプロ野球のようにテレビで中継されたり，オリンピックにつながっていくような大きなスポーツではないんですけれども，皆さんが親しんでいけるといっ	

発言者	内　容	反反応　分分析
9	たスポーツの道具の貸し出しもしていますし，合わせて，そういったものの指導もできればやっていきたい．まぁ，私達だけが指導をするわけではありませんで，あのぉ，これが当市の特徴になるか分かりませんが，地域のスポーツ指導者というのをお願いしまして，指導者の方の要請をしたり，各小学校ごとに体育振興会というのがありまして，その中にも体育指導員をいうのがありまして，それがすべての校区にありまして，うちは網羅していると思うんですけれども，そういった方たちを中心に地域のスポーツ活動を勧めていくといった状況で活動をしています．まぁ，これはアリーナだけに言えることではなくって，体育協会というのがありまして，行政から言いますと，スポーツ振興課，体育協会，そして当市アリーナへと流れているわけですけれども，そういった形で，地域のスポーツ化を進めていきたい，それが私達の考えていることであります．それ以外にも，月2回ですけれども，開業されいているお医様をお迎えして，スポーツ健康相談ということで，多少体のことで心配を抱えている方，まぁ多いのはいわゆる生活習慣病にかかわる方，が多いんだけれども，そういった方たちがご相談にみえる，そういったことも私達のところでやっています．	
9	あとは，あのぉ，トレーニング室でトレーニングされている方，まぁ一般の方もそうなんですけれども，体力測定ということで，後で資料をお配りしますけれども，例えば肺活量であるとか，筋力，パワーですとか，持久力，一応そういった関係の測定をさせていただきまして，見合ったトレーニングメニューはどういったものかご紹介できるように，させていただいてます．それで，当市の特徴といいますと，それも話でふれたかもしれないんですけれど，今まで僕が学校に勤めていた頃，若かった頃，20代の頃，非常にカッカしていろいろやっていた頃，国は学校体育にほとんど依存していた状態だったと思います．小学生で部活があって，今の大学の恩師のところに行くと，「おい，まだ小学生は部活やっているだか？」と言われてしまうんですけれども，小学生の段階で学校体育に依存していたところが，最近では少年団，先ほど言った地域でのスポーツ少年団，そちらの社会体育の方に移行しつつあるんですよね．移行しつつあると言っても，かれこれ10何年になるんですけれども，移行期が長いんですけれどもね…，その関係の方々は努力をされていまして，ゆくゆくは，総合型スポーツクラブということでもっと広げた社会体育の形態を作りたいと行政の方では考えています．	反全員肯定
9	それからあのぉ，トレーニング室の件ですけれども，これも当市の特徴になるんですけれども，外国人の利用が大変多く，特に夜間なんですけれども，ブラジルの方，筋肉マンのお兄ちゃんたちがやってますし，かかる音楽はラテン系の音楽，それが逆にくどくって，それがあのぉ，ま，外国人の方のご利用も多くなっています．それから，あのぉ，私どもの教室，平日の昼間やっている関係もあるんですけれども，女性の方，それから職業リタイアの方の参加が大変多く，ありがたいなと思っています．反面，問題点と言いますと，利用率が以前に比べると減っているということがあります．トレーニング室は，30名ないしは50名入ると思うんですけれども，まぁ，10人ぐらいになって，ちょっと寂しいなという状況です．まぁ原因としまして，民間でかなり何とかスポーツクラブというのが増えていまして，そちらの方に移行しているのかな，あと，こちらのPR不足もあるかなと反省もしていますけれども，まぁ非常に問題点を抱えていますけれども，皆さんにたくさんご利用いただけるように今後もがんばっていかなくてはと，考えています．以上です．	反1，2，4，7笑う 最後の方で4が5に何か一言いって，5が短く反応 分外国人が多い
司会	はい，ありがとうございました．では10番さんお願いします．	

発言者	内容	反反応 分分析
10	あの，小学校23年，中学13年を経験しています養護教諭です．えー，本当に小中学生をずっと考えてみると，心と体にちょっと分けてみたいなぁと思うんですけれども，心がちょっと本当，寂しがっているなぁって，保健室は話聞いて聞いてで一杯ということで…．いろいろ支援が入っていますけれども，やっぱり毎日いる養護教諭に話がくるので，一番重要性のあることからやっているわけですけれど，何処の中学も，小学校も大変忙しい．小学校は68校かな，中学校35，約100名の養護教員がいるわけですね．本当に行き会うとそういう話が出る．で，小学生の場合は今年あたり本当に低学年がじっとしていられないということで，支援員が9月まで，6か月間，そのじっとしていられない子についているという方策もとられている．で，中学ではどうかなっていうと，エスケープ，ふらふらしたり，タバコを吸う，本当に現実的に町の学校も田舎の学校もないところはないんですが，非常に心配なことがあります．先ほど3番さんがタバコの件を言いましたので，是非これは中学生も，指導をしているんですが，家庭でも家ならいいよってお父さんが言うとか，他で買わないでねとか，なんだかちがうんじゃないって私も子どもに言うんですが，学校も本当に吸殻が多くて，何処の学校も．先生が一生懸命拾って，指導をしているんですが，追いつかない．今回はもう，校長先生が法律違反だからきちっと見つけたら行くとこに行きましょうということで，今は少し減っているのかな，と思いますが非常に心配です．小学校からもうタバコについては，調べていくと3年生位で吸っているという子がいるということで，もう，小学校，先生方眠ってちゃだめよっていう感じで，本当に調べていくと低年齢化していると．小学校も，今まで中学校で薬学講座といって，薬剤師さんがやってきて話をしてくれるんですが，今は小学校に行って話をしなければいけない状態になっている．で，中学はどうなっているかといいますと，タバコ，薬物，シンナーとかですね，それプラス生活安全課の警察官が来て，薬剤士さんと一緒にやるっていう，それぐらいシンナーは街で，ビンでくれるから…っていう現状を見せてくれるんですね．中学生は今は狙われていると．そういうところで，今は変わってきている． 生活安全課が入ってきている．で，今年は中学2年生は全市34,5箇所ですか？保健所と産婦人科のお医者さんが来て，性感染症のお話を全部の中学校で1時間とると，それぐらい今，当市内の○○産婦人科のお医者様の話で2年生が伺ったんですけれど，本当に今ひどいところになっているよ，と，知らないのはお母さん達だけだ，と．私達も非常にショックを受けて，もう，高校の段階ではなくて，中学の段階なんだということで，非常に私達も本当に，そういう子の本当に，不純異性行為っていうか，そういう子に直接的指導をやらなければいけないということになっているんですね．あとは，まぁ，覚せい剤も非常に重大で，ある人が以前お話にきたときに，当市の駅前夜見たらいっぱい，東京で取締り調べると，当市へ．名古屋であると当市．当市は危険がいっぱいだよという風に，話されまして，それでまた私びっくり驚いてしまいましたけれどね，それぐらいにちょっと薬物とかそういう危険だと，今そういうことがあります．で，まぁ，子どもたちもなんか勉強に集中できないと，そういうところで目立とうというところもあるので，そういうところのケアを私達はしているんですけれども，もう少し家庭の方でもね，対話，心の方を言うと，もう少し家族の方がそうかそうかって聞いてあげるような対話なんかもどのくらい取っているのかなぁって，今お話をしながら，小中学生の中で，家庭の中でこうなんだよっていうような，家のことを約束とか，家でやってきて，学校の約束も守れるんじゃないかと，そこらへんもなんか，大枠のところで考えたら，いいんじゃないかなって，感じています．とにかく，子供達，なんていうかな，寂しいっていうか，居場所がない子がみんな集団になってやっていくということがあるので，その辺がちょっと追求できたらいいんじゃないかな，と思っています．以上です．	反 全員肯定 1は特に大きくうなずく，2に話しかけて同意を求める 3熱心にメモをとる 分 大都市と同様の問題（薬物，非行など） 分 子どもの喫煙 反 3 うなずく

発言者	内 容	反反応 分分析
司会	はい，ありがとうございました．皆さんに一通りお話を伺いまして，地域特性としては，マクロの面では，かなり地域差がある，職人気質が反映されている，外国の方がかなりいらっしゃる，という特性を，また生活習慣の面では，食事の問題，タバコの問題，運動の問題，心の問題などの特性をあげていただきました．さて，お時間もどんどんたってしまいますので，次にどんな項目を入れたらいいのかについて，皆さんに今度は自由に発言していただきます．具体的に，まず地域のマクロな特性を生かす，地域差が大きいとか，職人気質とか，外国の方もかなりいらっしゃるということを反映させるような項目として，こんなことを入れて欲しいというなご意見はありませんか？　はい，3番さんどうぞ．	反 全員肯定 要約は簡潔に．テーマごとの要約は次のテーマにつなげることが主たる目的
3	3番ですが，あの，地域特性の追加ということでいいですか？	
司会	はい，どうぞ．	
3	当市の医療というのは全国屈指の充実度です．よそだったら，中央病院として唯一存在するようなレベルの病院が7つ，ないしは8つそろってる．これは特徴としてあげなければと思います．で，もう一つ，介護の保険のサービスの利用率が低いというのを先ほど伺ったんですけれども，これは分析を要すると思うんですよね．介護保険が必要ということは，生活習慣病で本来生きられる状態の人が，まだ寿命を残して動けなくなってしまった，それで介護が必要になっているということなので，もし元気なお年寄りが増えれば介護の利用率が減って当然で．これは，むしろベスト2になることかもしれないということですね．それでまず分析として必要なのは，お年寄りがどんな具合なのか，一つは当市は都市自体，若い人が多いと思うんですよ．お年寄りが少ないから利用率が少ない可能性もあるので，これは分析の必要があると思うんです．それから，三つ目に，特徴としておさえた話，当市は非常に能動性のない，あなたまかせで，いっさい周りから干渉せずに，周りに流される方が結構いる．これはこの地域の特徴だと思います．ていうのは，森の石松ばっかりいたら，日常，常に切った張ったの，血を見ることにばっかりなります．ですから，それが一つの特徴になんだけれども，そういう人たちの中で，文化が保たれる，常に血を見ることがないというような，そういう人たちを常に上手に無視して，自分からは積極的に動かない，かなり多数の人たちがいらっしゃる．で，これは一つは，職人文化で，非常に典型的で，非常に目立つ森の石松タイプの人を補完する形だから，特徴として捉えておいて，いい悪いじゃ無しに，非常に受身で，自分自身は何もしない，うんと目立たない人が多数いらっしゃるということを特徴として押さえておく必要があると思うんです．	分 充実した医療システム 反 全員大きくうなずく肯定 分 一部のリーダー的役割者と大多数の傍観者 長い発言の場合，内容を踏まえつつ要点を発展させる質問を返す
司会	なるほど．それではそういう人たちにどういった形で，エンパワメントするか，やる気にさせるプログラムをどうしていくか，ということですね．	
3	やる気にさせるのか，流すのか，というところなんですけれども．	
司会	あははは．	反 皆笑う
3	そういう人に流されるのかというところかと…．	
1	あ，いいですか？　10の方が心の面ということで，お話していただいたんですけれども，あの，保健師で1歳半健診だとか，あの，親子すこやか相談という事業で相談とかを受けているんですけれど，お母さん自身が本当に育児について悩んでいることがすごく多くて，それがご主人が夜遅くまでお勤めをされていて，なかなかご主人にもお話ができないんだとか，お母さんと子どもの二人だけの生	反 全員肯定 分 育児ストレス→サポート機能の必要性

発言者	内容	反 反応　分 分析
1	活が街中だけではなくって，結構，田舎の方でもそれは同じで，何処に行っても，お母さんからの健康相談？　赤ちゃんの健康相談は何処に行っても多くって，お母さん方も，地域の中で，最近子育てグループというのがどんどん，どんどん増えているんですけれども，あの，そういう風な子育てのグループに参加したいっていう意見が出たりだとか，NPOの子育てのグループがありまして，やはりそういう風な会をたちげようという時にでも，その会に15人定員なんですけれども，100人近い電話があって，60人ぐらいの応募があったということで，それは確かあの，飯田，ちょっと東の方なんですけれども，お母さん自身もあまり話し相手もあんまりなくって，家庭の中にいて，すごく精神的な面もストレスを抱えているんだなという面をすごく感じています．それは本当に街中とか田舎とか関係なく，すごく人と人との話をする機会だとか，すごく薄れていて，それは…そうですねぇ，お年よりも，お年寄りっていうのなかぁ，ふだん生活している中でも昔は井戸端会議があったんだけれどもそういうをしなくなった．ほとんど主婦の人は育児からちょっと手が離れると，すぐにパートに出て行ってしまって，家は誰もいない．子どもも帰ってきても，ずっとテレビゲームをやっているっていう風な生活をしていんだなる．その辺もなんか，全国的なのかもしれないけれど，当市もそうなんだなって，いう風に感じています．	
9	先ほどの森の石松の話ですけれども，確かにそう思います．なんていうのかな，先ほど言いましたけれども，地域でスポーツをやりますよね，そうすると，当市の場合，学校のグラウンドを開放しまして，何とかナイターリーグだとか，バレーボーリングができてるわけなんですけれども，森の石松の立場の人たちのですねぇ，すごい奮闘振りっていうんですか，選手を集める，チームを作るための選手集めっていうのはものすごく熱心にやられています．でもその反面，その，横向いちゃっている人っていうのがある関係上，その人達はすごく苦労される．あとはまぁ，それぞれ公民館なり，それから体育振興会でも何とか大会っていうのを開いているわけですけれども，結局体育指導員になられている人の一番の苦労は人集めなんですね．人集めが大変だから，もうちょっと勘弁してくれよっという，まぁ，ちょっとネガティブな感じでの苦労が，もうちょっとこうして，こうしてというような建設的な苦労じゃなくて，もう，今日10人人を集めなければいけないけれど，人いないよぉ，そういう苦労が体育指導員の方に多いんです．本当に森の石松さんが苦労して，で，おとなしい方を引っ張っていく苦労の話はよく聞きますので，そこらへんがなにかあった…．	反 全員肯定 3は大きくうなづく 全員顔を上げて肯定 出てきた意見を総括し，押さえるべき背景要因を明確に提示する
司会	この健康日本21は，赤ちゃんからお年寄りまで一貫して，きっちと計画をたてるということに大きな意味があります．子どもから保護者，児童生徒，成人，お年寄りまでお話が出ましたが，ライフステージにそって，どんな風に特徴的なニーズを把握すればいいでしょうか．また先ほど食習慣のお話がありましたが，本当に塩分濃度が高いとすれば，それを踏まえて，どんな項目をどんな風に聞いたらいいとお考えになりますか？	反 全員肯定 さらに深く討論する必要のある内容について，具体的に提示する
3	えっと，これはまず何を取り上げるべきか，から入った方がいいと思うんですよね．で，一応日本人の主要死因は，資料の中にありますけれども，悪性腫瘍と心臓病と，脳血管疾患になっていると．最終的にはこれによる死亡を抑えれれば，上位3つが下がるから，取り上げるべきはここだろうと思います．で，それぞれの原因はどれかということと，対策はどうするかということなんですけれども，あの，悪性腫瘍の中で気管支肺がんが死亡率第1位．2番目が胃がん，3番目が肝・胆臓がん，大腸がん，乳がんという具合に続いていると…．心臓病では心筋梗塞，脳血管疾患では脳梗塞，となっているからこの3つにどう対処するかが結	反 全員肯定 分 タバコ，3大死因の予防に関連する項目の重要性

発言者	内　容	反反応　分分析
3	局皆さんが元気になっていただくポイントだと思います．で，一応がんはちょっとややこしいので，少し詳しく言うと悪性腫瘍で肺がんは原因がこれはタバコ．直接喫煙が男性の場合，7割をしめていると…，で一次予防は禁煙．ところが二次予防では健診ではあまり効果が見られない．じゃあ，治療効果はどのくらいかというと，これは治る率というのが5年生存率がほぼ治る率と同じなんですけれども，実はちょっと前に，21世紀のがん戦略ということで，ちょっと前，実は今週の日曜日に講演会がありまして，呼吸器地方会の特別講演で，そこはあのぉ，治療はどうがんばっても，5年生存率，20％に届きそうにないという結果なんですよね．ですから治療は8割以上の方が助からない，それから二次予防，健康診断で起きたのを見つけるとしても，これはほとんど助けられる人がいない．そうすると結局は男性の7割は直接喫煙で，それに関節喫煙の害が積み重なるから，これはもうタバコ対策，禁煙対策しかないというのが今の学会の推定，世界の推定でもあります．で，第二，第三というのは心筋梗塞と脳梗塞，これは動脈硬化が原因になっているので，広い意味では，どちらも循環器疾患がらみなんですよね．で，これもまたタバコで起こるし，高血圧，高脂血症，糖尿病で起こるし．で，これもおさえる必要があるかと思います．で，その辺の事はちょっと詳しく資料にまとめまして，時間がないようですから，こちらの方もこういう結論に至った理由がこちらにまとめてありますので，私達の所では，独自に住民対象に始めることになっています．	
3	今ちょうど21世紀になったところで，もう少し，ちょっと行政改革，組織のクリーン化というのが出まして，これからひょっとしたら，といいますか，廃止を前提として今検討されているところなんですよね．廃止を前提としているところで方策を打ち出すということはいかなものかということで，で，やろうとしていることは今凍結されているところなんですね．だからやろうとして動き出していた元になっている資料なんですよね．まずは，当市市民の健康を守るためにはまずは予防が大事と．その根拠がそこです．で，私達がその中で一番中心になって動かなければいけないと思っているのが，上の方からおまえらは要らないから，止める方向で検討していると言われていて，ひょっとしたら何年かで，私達は姿を消すかもしれないけれど，ただやらなければいけないことは，これは間違えなくあるので，その根拠はここにあるわけで，いわば遺言になる可能性があるので，読みやすいようにしてみました．	反遺言爆笑 9が10に短く話しかける
司会	いえいえ，きちっとした資料をありがとうございます．	
3	ではついでに，タバコについて，これは上の方にまとめてあるんですけれど．あのぉ，まず悪い方から言うと，タバコが脳梗塞も，心筋梗塞も，肺がんも非常に増やしている．その他のがんは大体は健康診断と，肝臓がんについてはウイルス対策で処置がついている．これからは，おそらくかなり減らしていくことが出来る．今対処ができていないのは，まずはタバコ対策が非常に立ち遅れてしまっている．そのために，結果として，タバコのために死んでいる人が非常に多くなっている．ということが，一応その資料に載っています．で，その次に例えば心筋梗塞，脳梗塞，あるいは脳出血の場合には高血圧が出てきて，これは塩分対策．で，さらに順位が下がってきて，コレステロール，肥満などの糖尿病になって行くと思うんですね．順位としては真っ先にタバコ，二番目に高血圧，それから他のところで，高脂血症，糖尿病ですね．糖尿病は非常に病気の発生率は高いけれども，絶対数が少ないから3番目にするのか，4番目にするのか…．3番目が適切かもしれないです．一応医者として，今までの経験から重要度が高いのです．	反全員肯定 インタビュアーにはユーモアのセンスも重要
司会	ありがとうございます．これだけの，蓄積のもとにしっかりとお話をいただきまして（笑）．	反全員笑い

発言者	内　容	反 反応　分 分析
3	来年から実行に踏み切るところで，止められているんですよ．だから鬱積したものが…．	
全員	あははは．	
司会	この計画で思いを爆発させていただいて，引き続き，お願いできましたらと思います．今，3番さんから，医者の立場でしっかりとした意見をいただきましたけれど，是非皆さん各々の専門背景から，このようなお話をお願いできたらと思うんですけれど．はい，どうぞ．	インタビュアーにはユーモアのセンスも重要
4	じゃあ，僕も医者の立場というのもあるんですけれど，えっとぉ，病気，まぁ死因，第一死因をなくすというのも大事なんだけれども，もうちょっと違った角度で，健康っていうものを捉えた方が面白いんじゃないのかなぁと．僕は楽しく生きる，そのために何が必要なのかなぁと．死ぬのは死ぬんですよ皆．三つのこれがあれば，誰か一人はあたって死ぬんでぇ，あのぉ，長生きするのが本当にいいのか？　とかですねぇ，今これだけ日本の寿命が世界一になって，お年寄りが増えてっていう社会になって，それはそれでしょうがないんだけど，そしたら，さらに寿命を延ばす対策が必要なのかどうか，市民に問いかけていく必要があるのかな．	反 全員肯定　10と9に話をする（4の話を聞きながら）　分 楽しく生きるための必要条件　いくつまで生きたいか
3	お答えします．このことについては…．	話の交通整理．原則として，メンバーの話は最後まで聞く雰囲気をつくる
司会	最後までまず4番さんにお話いただきましょう．	
4	だからそういう意味で，その寿命を…あのぉ，死なないっていう政策よりは，あんまり早期に死ぬのはちょっとどうかなと思うけど，そんなのはちょっと避けた方がいいんじゃないかなと思うけど，70，80位までになる時に，いかに自分がそこで楽しく生きていれるか，だからまた，寝たきり予防ともちょっと違うかなと，寝たきりにならないようにしようというよりは，寝たきりになったその後とか，例えば車椅子になったその後，車椅子でも楽しいと思うんですよ．ていうか，楽しく生きていこうと思えば，生きていけると思うんですよ．ですからそういうような，あの，視点で健康っていうのを考えていく政策的なものって，まぁ，僕ら専門が歯の方なもんで，まぁ，例えば歯とか目とか耳とかですね，そういうようないわゆるQOLに関わるような，疾患もある程度入れて，考えておくべきだろうな．まぁ疾患じゃなくともいいのだけれど，そういう機能はただ維持できるというような予防的な関連で，項目をつめてるといいのかな．まぁ多分，スポーツをするということがですねぇ，健康に繋がると思うんだけど，そんなに考えなくてもいいんじゃないのかなぁと，スポーツができて，その人たちがいろんな意味で，ただ，その時に考えず，楽しくストレス開放ができたり，そういう意味で生きている手段として，あのぉ，項目をセレクトするということの方が，一般住民の中では理解がしやすいんかな，今，疾患に対する人間の捉え方ではなくって，ウェルビーング，QOLに対するような，自分達はこうして，健康で楽しく生きていると思えれば，それを社会に出してって，いうようなことを項目として出しければと思っています．	分 QOL，ウエルビーイング
2	私も4番さんがおっしゃったことに同感なんですけれども．やはり，人間が一生を終えるということで，生活の質，quality of lifeですか？　それに着眼したいなと思います．そして高齢者の方を見ましても，やはり，どういうふうに生活をしている，どういうふうにいい生活をするか，ということ大事だと思いますし，それから先ほどから課題でています通り，グレーゾーンとかホワイトゾーンのということからですけれども，それぞれの乳幼児期からとか，学童時期とか，ライフサイクルに応じた生活に着眼点においた，食生活ですとか，それから人間関係	反 全員肯定　分 QOL，人間関係，ライフステージ

発言者	内　容	反 反応　分 分析
2	ですとか，そういうものを項目の中に入れて，是非作っていきたいなと思っています．高齢者を見ていましても，高齢者を取り巻く，お孫さんとの関係，お嫁さんとの関係とか，様々，本当に十人十色，様々でございます．やはり生活の質を，寿命をよりよく全うするためにどういうふうにかかわっていくか，かかわり方を学ぶにしても，それはやはり小さい時からの教育，家庭での教育，学校での教育だと思いますので，心の問題も取り上げてっていただきたいなと思います．	
8	私も今の2番さんとか4番さんの意見に同感なんですけれども．あのぉ，例えば障害，病気の治療をする患者さんと言うのは，最初は治ることを一生懸命，治すことに一所懸命になるんですけれども，やっぱり治らない病気もあるわけですから，病気を持ったまま一生生きなくちゃいけない時もあるもんですから，病気を持ちながら，治療をしながらどういう生き方をしなければいけないかということ．例えば視覚障害者なんかですと，視覚を失っただけでもう歩けなくなるんですよね．手足，足はちゃんとあるのに歩けなくなっちゃう．外に出ていかれない．だから，本当に視覚障害者になった時，じゃぁ，日常生活訓練をする場所があるかというと，それは非常に少ない．当市なんかでも，視覚障害者になった時でも，途方にくれて，家に閉じこもっちゃって，「死んだ方がましだ」という結果になる患者さんも結構多いもんですから．あのぉ，外へ出て行けるかどうか，外へ出て行けることが楽しく暮らしていける第一歩なんじゃないかなと思うもんですから，病気を持ちながら，障害を持ちながらどういうふうに暮らしているか，すごしているか，ということが一つポイントとして，あげていただけたらなぁと思います．	分 外出の機会，生活の仕方 反 全員肯定
3	はい，じゃあよろしいですか？　一応，参考資料，うすでの資料の最後のページですね．開いて右下になります．どうして生活習慣病を予防しなければならないか，というところなんですけれども．あの，これは85歳以降に亡くなられる方は，70歳までに亡くなる方に比べまして15年分余分に病院にかかるにもかかわらず，障害にかかる医療費は4分の一ですむっていう．だから70歳までは病気で死ぬんですよね．しかも生きる力がありながら，病のために命を絶たれるんですよ．それを見ているのがつらいから，ここで，私がつい声を荒げて言っている理由になるんですよね．で，一応85歳を過ぎた方は，一応肺炎だとか，なんだとか，病名はつくけれど，解剖をさせて調べさせていただくと，非常に病気自体が軽い．病名としてはつくけれども，基本的に老衰で亡くなるんです．病名はつくけれども，85歳以上は老衰で亡くなられる．70歳前は，病気のために無理やり命を奪われる．だから治療をする方も非常に辛いし，なんとかしたいということで，医療費もたくさん使います．それと，もう一つは70歳までに寝たきりになると，介護の平均の期間は4年になる．もともと死ぬはずでないのに，病気になって動けなくなっちゃうんだか，それだけ続くわけですよね．まぁ，できるだけそれこそ，車椅子に乗せて出してあげたりだとか，寝ている時にも褥創を作らないようにいろいろ介護してあげたりだといっても，これを結局4年間，元気な方が世話をしなくちゃいけないですよね．ところが，85歳を超えてから寝たきりになれば，平均の期間が1年未満になる．まわりの負担もまるで違うし，それから寝たきりになっている人の負担も，苦痛も違うわけですよ．そりゃ4年間ずーっと，毎日三度三度下の世話からなにまでやっていれば，これはもう，思わず蹴っ飛ばしたくなると感じるのが，起こるのが当たり前なんですね．だから医者の立場としては，とにかく85歳まで元気に生きていただきたい．そのために何が必要かっていうと，とうとうこれで生活習慣病を封じ込めれば，それでそこにたどり着けるという見通しが立ってきたんです．50年前は，20歳，30歳でみんな結核で倒れていったんです．で，医療費は20歳，30歳が一番使っている．30年前には，高血圧ための脳溢血と，それから感染症肺炎で医療費が一番使われている．	反 全員肯定

発言者	内　容	反 反応　分 分析
3	年齢は45歳位で一番使っている．そのころは，だいたい64歳，定年を迎えると命を落とすという寿命だった．その後，医学が進歩して，…といいたいんですけれど，とにかく寿命が今は男性が77歳，女性が85歳なわけですから，あとはこれで，生活習慣病を何とかできれば，日本人全体としては病に苦しめられることはないというところまで近づいてきました．生活習慣病さえなんとかしてしまえば，生涯をすこやかにすごせるという，50年前の医者達の悲願がまもなく達成できるというところまで，来ているわけですから，これは是非皆さんにはご協力いただきたいし，もしこれを取り組む方がいらっしゃったら，これは全力で協力したいと思って今日はここに出てきました．	
司会	なるほど．	
3	ポイントとしてはまず，生活習慣病を撲滅すれば，医療費がようやく下がる方に向くだろうという予想と，ご本人の苦痛がなくなる，QOLが非常に改善するであろうというだけでなく，家族の負担も減るという，この2つを強調したいと思います．	分 生活習慣病とQOLのつながり
司会	はい，ありがとうございました．大変説得力のあるお話でした．そこをきちっと踏まえて，QOL，ウェルビーイングまで広げるというお話をいただきました．はい，どうぞ．	強化しながら受容するとともにキーワードを再確認
10	3番さんが生活習慣病をお話をしていましたけれど，来年度から学校教育が非常に変わりまして，健康教育重視ってことで．小学校3年からもう保健の授業がやるわけですよね．小学校5，6年生になると生活習慣病が入ってきますので，是非，子供達もですねぇ生活習慣病っていう言葉，ちょっと今の段階で徐々にやっている学校があるわけですから，子供達も生活習慣病という言葉が非常にとっつきやすいものになっていますので，是非，私は特に小学生，中学生，特に睡眠時間が非常に大人社会が夜型，夜型って言うんですか？　もう，いつまでも12時過ぎても起きている，なんでそんなに遅かったの？　って聞いたら，家中が起きていたからってことで，保健室なんかはもう，不定愁訴で，熱はないけど気持ち悪くって，頭が痛いってな子が多い．ということで，やはり非常に悪循環．家庭の中でも今日は寝るんだよと，皆で変えていけば子供達はどうにでもなるなということで，生活習慣病は非常に学校教育の中に入ってきているし，小学3年生から，高校3年生まで，系統的に指導する．今日は持ってきておりませんけれども，文部科学省から出していますので，当市はもう，とびこんでやってもらいたいな，という思いです．	分 生活リズム 反 全員肯定
1	あと，すいません．10番さんがね，生活習慣病のことで取り組まれるってことで，今お母さんからの相談をね，お子さんの相談を受けていると，日常生活リズムがすごく遅い型になっていまして，大体，お父さんが帰ってくるのが，9，10時，遅いと11時って言う感じで，少し前だったら，子どもっていうのは，少し遅くても9時には寝るっていうのが，当たり前で，早寝早起きっていう生活習慣がだんだん遅くなっていまして，大人の生活に子供がだんだんなってきてしまっていて，その辺をお母さん方に指導するのがすごく難しくって，それが子どもの生活リズムなんだよって，それがそのまま小学生まで引きずってしまっているんじゃないのかなって．そうすると，生活リズムについて，やっぱりアンケート項目の中に取り入れたり…アンケート自体が健康教育の一つっていうか，ですよね．それとか，お母さん自身がどういうストレスがあるかとか，そういうストレスを持った時に相談相手，相談する人が地域の身近なところにいるのかどうかだとか，どういうところに相談にいく場を持っているのだろうか，かなぁ，そういうの聞	分 生活のリズム，心のサポート，アンケート項目自体を健康教育に役立てる 反 全員肯定

発言者	内　容	反反応　分分析
1	くことができたらいいなと思う．どちらかっていうと，子どもは本当に，特に発育発達の面で問題はないんだけれど，お母さんの心の面を，いかにサポートしていくかっていうのが，保健師側のかかわり方というように変わってきています．	
司会	今や子どももりっぱな生活習慣病の予備軍なので，小さいころからの予防に焦点をあてたプログラムと，メンタルな面でのサポートが本当に必要ですね．他にご意見はありますか？	必要に応じて論点を簡潔に要約
4	えっとぉ，先の当市の特徴という所から一回戻って，やっぱり当市は都市化している部分が大分大きいからこそいろいろ出てくる意見があるんだろうと思うんですよ．そしたら，当市の特徴，都市化型の健康日本21っていうのがね，というので考えていったらどうかなぁ，えーっと，健康を考えるには個人でできることと，もう一つは環境を整えることっていう周りの部分とで，えーっと，個人で，とかある程度の集団について田舎はすぐに地域でできちゃうんだけど，それができにくい条件になっていくと，周りからそれをサポートしていくような，環境サポート面の項目とか，例えばいろんな団体がそういうことをやっていくか，例えば養護教員のグループはどういう活動をしていこうか，とか，そういう視点のものも，まぁアンケート項目にはちょっと入りにくいかもしれないけれども，健康日本21を作っていく中では入れていった方が…，例えば医師会はどういうサポートが必要かとか，個人に，今の健康日本21に出ている項目全体はほとんど個人に何しなさい，技師は何しなさい，っていうだけで，社会は何しましょうというのをほとんどいれてないので，まぁ，当市の場合は例えば，タバコに関していったら自動販売機の数を制限しましょうとか，条例で数を決めましょうとかですねぇ，そういうようなことを考えていったり，もちろんアルコールに関してもそういうふうな，もっと厳しく販売の時には必ず年齢，身分証を見せましょうというような，そういうようなことも，整えるような事をこの都市の中だから，した方が意外と健康度があがるんじゃないのかなぁと，という設定項目，…まぁ，アンケートには載りにくいのかなぁ，かえって，こういうディスカッションしているの中で専門分野の人たちがそれぞれの段階から健康に対して，何ができるのか，例えば旅館業会者の人だったら，当市のちょっと薄味の特徴の料理の勉強会をしましょうとか，まぁ，いろんな人が健康にかかわっていると思うんですよ．道路，道作っている人にしたって，公園作る人にしたって，それなりのそういう環境の自分達でいかに作って整理していけるか，という方のほうが，個人にひとりずつこうしてやっていくというのは，僕たらもこう大きなマスで仕事をしていると，非常に苦痛を感じることの方が多い．	分環境整備の重要性→健康関連団体の提案を募集 反全員肯定
4	で，それぞれ価値観が違うんで，まだ，田舎の方が価値観が整っているから，結構集団でその，戦争が起きたら皆で連れ添って苦しんでいきましょうってことでないけれど，あれが出来るけれども，それをここの街でもう一回，昔の日本の様に戻って，考える発想はもう捨て去っていった方が意外とすっきりしたものが出来るかなぁと．	つねに目的に向けた全体の流れを意識してテーマをつなげる
司会	それは3番目の連携への環境整備というテーマにも関係していきますね．これからはテーマをすべて一緒にして議論いただいて結構です．国で出している健康日本21というのは，あくまでも方針だけです．それをもっと当市型のすばらしいものにしていくために，わざわざお集まりいただき皆さんのお知恵を頂戴しているわけです．どうぞプラスアルファの発想で，非常にいいものにしていくにはどうしたらいいか，というご意見をお願いします．	メンバーへの期待や議論の意味深さを示すことで，参加メンバーの動機づけを高める

発言者	内　容	反 反応　分 分析
3	あのぉ，アンケートはどんな形のものをお考えになっていらっしゃいますでしょうか？	
司会	それはまだ，これから考えることになっています．	
3	えー例えば，市立診療所では，患者さんの症状と生活のプロフィールをアンケートでとって，そこであの，健康診断した結果で，検査値の異常，年齢なんかが対数変化でわかるんですよね．ですからそれと，診療所で独自に検討した結果を元にして，この方はどのぐらいリスクがあって，何処を一番具合が悪いかを分析して，個別に特に問題になる方に指導しているです．で，一応その根拠っていうのは実は，よそからでは得られなかったんですよ．で，しょうがないから自分達で調べて，その根拠を出したんで，ここでいかにもすでに確立したことのように書いてあると勘違いするといけないので，この項目は私達が独自に調べたもので，一応参考資料の後ろから2枚目ですが…肥満の前，食事習慣と生活習慣病．ここはあのぉ，私達が調べた結果なんです．根拠にしている人口っていうのは，187名で男性なんですよね．調べてみると，夕食時間について調べてみたら，この人たちっていうのは，ちょうど同じ事業所だから，12時から13時に昼食を食べている．おやつを食べていないと，非常に健質な人たちなんです．で，調べてみたら，一応これ，高コレステロール血症だとか，高脂血症だとか一応すでに異常がある方たちですね．それから生活習慣病を起こして，命を縮めるような異常がある方達を調べてみると，一応夕食が終わってから3時間半以内に床につく，夜食を食べる，朝ご飯を抜く，休肝日をもうけない，まぁそういったので調べてみると，不健康な食事習慣を上記のようにして解析してみたら，夕食を7時までに済ます人が72％は食事習慣が不健康．何か思い当たることがあって，不健康というわけなんです．ですけれども，夕食を7時を過ぎる人たちでは，35％で食事習慣が不健康．ということは，これは他に不健康が見当たらないのに，7時の夕食を過ぎると，異常の発生率が高いということなんです．ですからこれは7時を過ぎての食事，それ自体が危険な可能性が考えられるわけなんですよね．実は，8時9時，特に10時になると異常の発生率が上がるんだけれどもこれは調べた方も意外な結果だったんです．だけど，考えてみるとこれは正午に食事をして，7時に夕食をとるという時間間隔は，8時の朝食に置き換えてみると，この時間間隔は午後3時まで昼ご飯を食べずに働いている状態と同じなんですよね．3時まで何も食べずに働いていてから，体に無理がかかって，異常が起こってしてもたしかに起こっても仕方がないと，結果を見て思いついている次第です．	分 科学的データの重要性 反 (夕食7時すぎると…) に対して，2はえーそうなの？ という反応．5にも同意を求めるような表情 9と10話している 4, 2 うなずきながらも少し本当？ という反応
3	その次は，夕食から寝るまでの時間，一応これは肥満，高血圧，肝機能異常，脂肪肝，それから高脂血症，空腹時血糖の高値，糖尿病までにはいたらないけれども糖尿病予備軍を一応，異常群として調べてみたら，異常と出た割合は，夕食を食べてから3時間以内に寝る人は64.5％異常．夕食から3時間半して，床につく人は53.3％が異常．夕食から4時間以上たってから寝る人は48.8％が異常という結果が出ました．これは4時間以上というのは，4時間，5時間で調べてみたけれども％ではほとんど変わらない．6時間以降は統計処理できるほど人がいなかったので，まぁ，4時間，5時間を合わせて4時間以上ということに．夕食から3時間半以内に床につくと異常が増加するという結果なんですね．	
司会	これは全数では異常は何％ぐらいなんですか？　かなり3時間半以内の率が高いですよね．	全体の流れを踏まえながら不確かな部分は適宜確認する
3	はい，全部で187名回答しています．	
司会	そのうち，異常者が全体の何％ぐらい？	

発言者	内　容	反反応　分分析
3	ちょっと今データが手元に持ってきていないので…．また，お出しいたします．これは今度の内科学会で発表予定なもんだから，まだ…．で，それから実は，この肥満は肥満比率，BMIではなくって，理想体重で求めちゃっているんですよ．だから微妙に％が変わる可能性があるんです．だけど，本質的には変化しないと思います．で，結局なんでそんなことになるかと言うと，これは消化吸収のピークは食べてから3時間から4時間後だから，寝る間際に食事をとると，吸収されたエネルギーが消費しきれないで，異常が増えるんだろう，というふうに一応考えています．だから朝食を抜く人は異常の発生率は倍以上になっていきます．これは朝食を抜くと飢餓状態が増強されて，例えば食物繊維が不足するといったことを介して，異常の発生が多分増えるんだろう…ということなんですね．で，典型的な生活習慣病の発生パターンとしてはどうも話を聞いてみると，残業で夕食が9時以降になる．そうすると，腹が減って減って，しょうがないから食べ過ぎる．で，それから疲れているので，寝てしまうと，寝ている最中に消化吸収のピークがくるから，寝ている時，内臓が休まらない．だから翌朝起きても，睡眠時間の割に体がだるくてしょうがないし，栄養は体の中にあふれているもんだから，食欲がない．だから，朝ご飯を抜く．これが一応想定されているパターンになっているということだけれども，これはあくまでも市立診療所で調べた調査でそう考えたので，よそではまだ言われていないことなんです．ただ，市立診療所ではこれをもとに，すでに受診する1万4千人の方達に生活指導を行って，リスクの高い人たちにはあらためて指導を行う．で，すぐに変えない人もいるけれども，2年3年と同じ指導をしていると，あっと気がついてみると，生活習慣を変えてくださっている人もいる．これはすでに取り組んでいるんですよね．まぁ，そういったところで，こういった生活分析までのアンケートに含めるのかどうか，入れるんだったらかなり膨大になるので，それで，どんなアンケートにするのかということをご質問したわけです．	
司会	それはこれから皆で考えていくということです．今日のご意見を盛り込んで，アンケートを作ります．これだけきちっとしたデータをお持ちいただきましたので，是非参考にさせていただきます．さて，精神障害の領域とか，お年寄りの領域はどんな項目が必要ですか．	あまり発言していないメンバーに発言を求める
5	今，いろいろお話を聞いていて，すごく細かいことだと，今までやってきた仕事の中で気がつくことがあって，10番さんが言っていた，低年齢からのタバコの害が頭の中にあるんですけれども，あのぉ，相談を受けていて，覚せい剤とかのいわゆる依存症の相談を受けてる人たちの話をさかのぼって聞いていくと，必ず低年齢からのタバコがあって，シンナーがあって，覚せい剤というの風に流れに必ずなるので，やっぱり低年齢からのタバコならタバコの害のところの啓発みたいなことも必要かなって思うし，それから4番の方の楽しく生きるというようなところでは，やはり，障害を持っていらっしゃる方とか，なにかしら心に負担を感じて生きていらっしゃる方達というのは，あのぉ，人とうまくかかわれない，それがあの，家族とのかかわりでもって，家族とうまくかかわれている方たちは精神障害を持っていても，外ともうまくかかわれる．持っていても，それなりのかかわりが出来るんですけれども，やはりあの，家族の中で，異常にストレスを抱えてしまうと外の社会にいってもうまくいかない．だから家族のその分析，あの，1番さんが言っていたような，小さい時からの人間関係の部分，なんかでも少し何とかならなかったのかな，というところを仕事の中で感じていることがあります．で，障害を持っていても楽しく生きられる場所があれば，その，生活習慣病の予防なんかでも，心の部分でもある程度入ってくるのではないかと思うんですけれども，あの，そうすれば，いわゆる今いう病的な閉じこもりと，病的	分子どもの頃からの対応の重要性 　良好な人間関係の健康への意義 反全員肯定

発言者	内 容	反反応 分分析
5	でない閉じこもりみたいなものの，割と言われるんですけれども，そういった負担を感じることなく，少しは生活出来る人も多くなるかなってところを感じることがあります．寝たきりになりたくなかったら，元気で長生きしろと言うことをある先生から聞かされたことがあるんですけれども，田舎のひしゃったような所にも，いろいろお話をされていただけましたような，非常に85歳以上になると医療費も無料になるといったところで，あのぉ，あまり早く亡くなっちゃうと家族も非常にこう，精神的にうけるダメージも大きくって，そこら辺でも相談もあって，年少の方があまりにも突然亡くなられる，であまり長く寝たきりになって生きられるというのは，おかしな言い方かもしれないけれども，いらっしゃると介護者の精神面でのいろんなストレスから訴えが多くなってくる．	
	だから，その人にとっての適当な生きる時間，死を迎えるまでの時間，適当な時間は必要だなって，あんまり早く短くっても困るし，あんまり長くってもそのままの状態で，最後悲惨な状態で，ちょっと困る状態も出てきちゃうかな，という風な感じをさっき感じました．あの，精神，個々の相談でもって，そうした相談が適当なところで亡くなっている方とそうでない方は納得がいかないだろうし，そんなところ皆さんの話を聞いていて，仕事に結びついているところで，感じました．	反全員肯定
司会	はい，ありがとうございます．	
9	あ，すみません．先ほど4番さんがおっしゃっていた楽しく生きるということが，すごく心に残っているし，健康日本21っていう施策のキーワードになっている気がします．そして，私手前味噌ですけれども，出番かなって，いう…．	反全員肯定
全員	あははは．	
9	あのぉ，本当にただ生きているだけじゃなくって，本当に生きている実感を味わいながら，自分の人生を楽しく生きていくためには，自分が本当に何を楽しみなのかっていうことを，きちん見つけられる，それが大事なんじゃないのかなって．本当に職場と家との，家に帰って何するって，ご飯食べて寝るだけっていう，そういう生活じゃなくして，じゃあ，休みの日に何やってるんだ．趣味はどんな趣味を持っているんだとか，まぁ，僕が言っちゃいますと，スポーツやりましょう，運動やりましょうってなっちゃうんですけれど，あのぉ，広く考えていけば，本を読むのが好きな方，映画をみるのが好きな方，そういういろんな方面の趣味を持って生きていく，それが本当な健康な状態，あの，どういうの状態を健康な状態とするかってありますよねぇ，そういうことも考えていくと，僕に言わせれば，スポーツをやってくださるのが一番うれしいわけですけれども，そのとき言った楽しく生きるためにはじゃあ，何が出来るんだ？　ソフトボールをやる人もいいでしょう，トレーニングをするのもいいでしょう，そういった意味ではさっき2番さんが言っていた白に近いグレーですか？　本当にそういう，要は体が動く状態，体が，自分が一番やりたいような状態を見つけていくような，まぁ，行政サイドからのそういった施策を進めていくのも必要だと思うし，そういった施設，指導者，それから回りの環境もあると思うんです．企業のタイアップ，仕事休みだけれども9時まで残業みたいになってたらできませんし，日曜日も出勤になってたときにはできませんし，そういったいろんな，もろもろのものをもって楽しく生きる，そういった面も当市にもきちんとできてくればいいなぁとそんな風に感じました．	反笑う 全員肯定 分生きている実感，趣味，本当に楽しいことは何か
10	以前ね，家庭の日って言って，多分第3日曜日だったかな，部活もないし，その日はともかく中学生も小学生も皆家庭に帰りましょうって，今ちょっとそうい	反5は6に何か話しかける

発言者	内　容	反 反応　分 分析
10	うのがなくなってくるんで，ちょっと復活して欲しいなぁっていう願いがあるんですけれど，家族と企業もちょっとその日は休んでくれるいいんですが，何かそういう，当市も家族とそういう日は触れ合おうよっていうね，そういう提案ってあるのもいいなぁって思いました．	分 触れ合い
司会	はい，ありがとうございました．	
7	私は老人介護の問題ですが，あの，一人暮らしをされていて，なかなか外部の人を中に入れようとしないお年寄りの方がたくさんいらっしゃいますよね．でも，ひとたび私達のサービスが入って，外部とのつながりができたことによって，そこをきっかけにして，そこから社会参加につながっていく，ということが何例かあります．先ほどの4番さんの楽しく生きるという部分でですね，やはりお年寄りになってですねぇ，なるたけ閉じこもりにならないような，心が動けば体も動く，体が動けば心も動く，という観点でですね，やっぱりあの，社会との交流，社会との参加をいかにつけていくかというようなところが，やっぱりお年寄りにとっての生活の大きな姿勢になってくるかなということを常日頃感じていますね．まぁその辺もちょっと，盛り込んでいけたらいいのかなぁと感じます．	分 社会との交流，社会参加 反 全員肯定
6	私達がやっている仕事もそうなんですけれども，今，皆さんがおっしゃっているのを聞いていて，価値観だとか，ニーズというのがすごく多様化していると思うんですね．私達でやっている，ご老人の相談なんかでも，家の祖母もそうなんですけれども，「はやくお迎えが来て欲しい」というような声が聞かれますし，あと早くにご主人が亡くなられて，あのぉ，おばあちゃんだけが残ってっていう方も「早くご主人の所へ行きたい」だとか，いう話も聞きます．で，今厚生労働省の方も健康寿命は，っていう話を言い出しましたけれども，平均寿命を単純に延ばすという話でもなくって，まぁ楽しく生きるということで，実際市民の方が「何歳ぐらいまで生きることを望んでいるのか」ということもそういうことも逆にね，アンケートの中で…．いろんな情報がテレビでも，新聞でも流れている中で，何を一番望んでいるのかなっていうことを聞いてみるにも面白いかな，という風に今感じているところです．それとあと，こんなこともあったんですけれども，先ほど1番の方がおっしゃっていた生活リズムについても，すごく遅く，子どもや赤ちゃんを含めてすごく遅くなっている中で，社会的な問題にもなっていると思うんですが，子どもは早く寝かさなければいけないんだよっていうお話をしたところ，結局お母さんの価値観の中では，お母さんとご主人と，子どもの3人暮らしで，ご主人の帰りが非常に遅いもんで，その中でお母さんとしては子どもを今の時点で早く寝かせることよりも，ご主人とのコミュニケーションをとることの方が優先順位としては高い．なので，それはわかっているんだけれどもいまの私には主人が一番大事なんです，ということでおっしゃっているので，まぁそういう価値観をしっかり把握できるようなアンケートにしたいなっていうふうに…．	分 何歳まで生きたいか？ 価値観の優先順位 反 全員肯定 「何歳まで生きたい？」 全員大きくうなづく
1	あと，すいません．私も，本当，お年寄りと…．6番の方とおなじような感覚なんですけれど，年をとっても安心して生活していくっていうのためにどんなことが必要ですかって，聞いてみるとね，いろいろ，経済的なことや，健康だとか，社会とのつながりだとか，そういうのも出てくるんじゃないのかなって思います．それから，全然話はそれちゃうんですけれども，介護のことにしろ，こういう健康作りのことにしろ，小学生に，全部の世代で男性の参加がすごく少なくなって，まだまだ女性一人で介護も，育児も，いろいろ抱えているという風に常日頃感じていまして，アンケートの中に，具体的にイメージが湧かないんですけれども，男性になんか，社会参加っていうか，そういう項目も入れるといいっていうふうに感じてしまうんですけれど．具体的には全然イメージが湧かないんですけれども，男性の力をもっとこういう風に…．現実に，介護者の会って寝たきりのお年	反 全員肯定

発言者	内容	反 反応 分 分析
1	寄りを介護されている方の会をやっているんですけれども，男性でも積極的に参加される方もいるんですけれど，そういう方って本当に一生懸命やれる方で，それはすごいなぁって感じるんですけれど，点在化している男性の…，結構一人暮らしをされている男性って結構いますよねぇ？　うーん．	反 全員肯定 終了時間がせまっていることをメンバーに伝えることで，グループダイナミクスが活発かすることも多い
7	何が困るかって，食事の事ですよね．	
司会	残り時間が，15分ちょっとくらいになってしまいました．それでは，それを支えるには，どのような環境条件を整えていったらいいでしょうか．現在，連携をとっていく上で，どういう問題をかかえていますか．先ほど4番さんの方から，関係団体や機関から何ができるかということを出してもらったらどうか，という意見もありました．その他に何かありますか？　例えばこういうのはどうかな？というものはありませんか？	以前に討論した流れを明示し，発展させるかたちが自然な討論となりやすい
3	一応，この紙は市役所の中だけの会議をつもりにしていたんですよ．ですから市役所の中だけの役割分担だけになってしまいましたけれども，一応参考資料の一番最後になるんですけれども，市役所だけに限ってみると，一応今から起こってくる問題というのはスポーツ，クラブ，塾，受験勉強，親の残業のなかで，食事習慣なんかがどうしても乱れてしまう．それから，残業，ストレス，過労なんかがあるから，そういうところで運動不足なんかが起こる．ここに喫煙習慣も加わる．で，それがもとで喫煙習慣でもっぱらがんが起こる，血管が萎縮する，組織は破壊される．だから動脈硬化も起こってくる．そのために生活習慣病，とりあえず対策をとらなくてはいけないのは，脳梗塞，心筋梗塞，肺がん．対策を立てて，かなり改善が期待できるものなんですよね．で，いざ起こってしまったことに関して，社会復帰をさせるということに関してはリハビリテーション病院が増加する．それからこういった生活習慣病から，老年になると異常行動，認知症，寝たきりっていったものが起こってきてしまうわけで．それに対しては，介護保険制度，老人病院が対応している．それから，現にある生活習慣病に対しては，一般医療，行動医療，それから集団健診，個別健診で，開業医，総合病院，医療センターが対応している．ですけれどもこういった生活習慣病は起こる前に予防するのが特に大事ということですから，市民への啓蒙，予防教育などの啓発事業，それは保健所の役割が非常に多いだろうと考えております．それから個人レベルでの防止，これは早期発見，早期治療，従来はこの早期発見というのは異常が発生したときをもって早期発見にしているんですよね．それで，市立診療所が実際に行っていることは，生活習慣で非常にリスクの高い人を発見して，それに個別に働きかけて，改善をしていただく，というのをやっています．これが一応市立診療所の役割ということでやっています．実は，3年前ですかねぇ，本庁の市役所の健康診断，4,500人位分の方達が医療センターの方へ動いたものですから，私達が健康診断を預かっている人数は1,190人位に落ち込んだんですよねぇ，ですけれども2年前にはそれが12,000人に増えて，昨年度は14,000人を超えたと…．これは，余力ができたということでもあるんですけれども，そういう生活指導も行って，まだ異常が出ていない段階も含めて対応を取ってみたら，市民の皆さんが，診療所に来て下さるようになっているということ．	反 全員肯定 分 予防の重要性
3	これは市民の皆さんの要望でもあるし，医学としても一番にやっていかなければならないポイントだと思うんですよね．一応，私達がやっているということで，ここまではやっているということで，ここにさらに皆さんたちの，ここのところだったら出来るということを是非お願いしたいと思います．で，食事習慣の乱れについては，今のところ根拠になっているのは1,178人の男性だけなんですよ．	

発言者	内　容	反 反応　分 分析
3	で，これが本当に一般市民に当てはめていいのかどうなのか，その調査を来年度行う予定で，計画は完璧にでき上がっている状態で，それにストップがかかっている状況で，がまんしているというところなんです．で，実際にだいたいがこれで，本当に生活習慣を改善してもらって異常が改善するかを確認したいんですよね．でも今のところで，もしも診療所で昼間の業務が廃止されると，その結果を出す前に診療所は消滅してしまうので，本当にこれは，もしも私達がいなくなってしまったら，誰かが引き継いでやって欲しいことです．	
司会	ありがとうございました．当市の中での医療関係の仕組みというのがきっちと体系化されているわけですね．さらにこの健康日本21では，自治体だけでなく，自治体は，主体というよりも側面的にさまざまなことをサポートして，住民自身に力をつけることが目標です．自治体以外の施設機関にも力をつけてもらうよう，自治体はサポーターに徹しようということです．そのために，支援体制の連携についてはどうすればいいでしょうか？	反 全員肯定 重要なポイントを投げかけ，さらに議論をもとめる
2	えーっと，私は先ほど，お父さん，男性の方の参加ということもございましたけれども，やはり当市の特性を考えまして，大きな企業もたくさんございまして，やはり，企業を通して働いているお父さんたちにも呼びかけることが大切ではないかなと思います．それから，人間の宿命としまして，だんだん年をとっていくと健康状態というのは，坂道を転がり落ちるようになっていく，まぁそれが常だと思うんですけれども，その中で，健康に対する意識を持つというのは，最近非常に健康食品についても，いろいろな報道，雑誌などで，皆の意識が高まっているんじゃないのかなと思いますので，今がすごくチャンスかなというのもございます．ですから，是非お父さん達にも呼びかけるというのと，あと，幅広く，アンケートを考えていくんでしたらこれから考えることですけれども，いろんな職種の方，それから学童期の方も含めて考えていけたらいいんじゃないかと思うんですけれども．	分 父親への働きかけ，健康への関心の高まりを利用 反 全員肯定
司会	はい，他には？　はい，4番さんどうぞ．	
4	あのぉ，健康の啓発とか，啓蒙を毎日しょっちゅう仕事でやっているわけですよ．で，感染するような病気は予防接種をするツールがあって，意外と動きやすい．で，生活習慣病っていうのは，ある部分は非遺伝的な因子っていうか，環境と遺伝のバランスから考えてみると，例えば日本人は比較的脳血管でやりやすい，欧米人は心臓病のリスクが高い．そういう生まれ持った部分が結構あると思うので，その，なかなか健診から行動変容を起こさないのが実際やってて実感なんで，我々，周りのいろんな団体が行動変容を起こすようなツールを作って，それを商品化して，それを提示してやっていくぐらいのものをやらんかったら，啓発啓蒙だけの保健指導スタイルというのはもう多分，これだけ情報で，毎日テレビでみのもんたさんがあーして，こーしてやっている時に，ツールがないんですよ．みのもんたさんはいいツールなんですよ．ああいうツールを作っていかんかったら，ただ号令だけで終わっちゃうような気がして．そんなかでも，予防できるもの対してのツールですね．タバコなんか確かにそうだね．がんや循環器疾患をなくすというより，ある部分を減らすことに関することにいいツールだと思います．そういうツールを商品開発みたいなのをしていくのを，市が作ったり，いろんなところの人が作ったりしていくような，行動変容ができるような，啓発事業って言うようなものに，変えていく必要があるかなぁとそんなのが，いろんな周りの人がやって，点検して，やって…．でないと多分，お医者さんからあなたタバコをやめなさいって言われて，やめる人が10％いると思うんですよね．で80％が動かない人，動こうとしない人で，あとの10％を変えるのに僕らは毎日必死に苦労	分 健康行動変容ツールの開発 反 全員肯定 みのもんた1, 2, 4, 8, 10笑って肯定 小さい子9がH 分 啓発事業重視

発言者	内 容	反 反応　分 分析
	しているわけですよ．で，そこにおいて何を持って行ったら，ある程度こういうのは重宝できるよっていうのが，まだ確立してされていないなぁって．	開きたいテーマに沿った形でさらに展開させる
司会	そういう点を，専門職が集まって，知恵を出し合って作り上げるといいわけですね．	
4	集まって，知恵を出し合って，当市版のそういうね，当市禁煙版なんとかとか，当市飲酒なんとか…，っていうのをぽんぽん，ぽんぽん出していって，常に目をそういうところに持たせるような…．ただ一回いわゆる集団的健康教育っていうやつ，あれはナンセンスだっていうことが十分分かっているけれども，やっているわけですよね．そこで行動変容を出すようなものまで達していってないので，まぁ，ちいちゃい子どもには行動変容は起こすと思うんですよ．先生が言ったことは正しいってことで，反応する．警察の人がだめだよって言ったり，お医者さんがだめだよって言うたら結構食べない，まぁ，親が言うよりはね．それがですねぇ，大人に対してはですねぇ，もう，口すっぱくしていつも言っていますがねぇ，口だけ動かして，手を動かして，その人が行動してってものまで考えての，診療スタイル，そういうことまで考えての診療スタイルも…ってやっているし，そういうことを出していくようなものがもっと出れば，いいのかなぁって，お互い出し合うような場っていうも…こういう…あっても，まぁ目標が施策だけが目標ではないはずなんで，そういうのが，いろんなところで交わる，連携をこの機会に持てるようになったっていうだけでもすごい，その健康日本 21 の意味っていうのがあるって，いろんな社会参加っていうかね，意味で，まぁ今，予算もなく，こんな安上がりで，本当に格好よく，地域参加って言っているけれども，安上がりが一番いいっていうこともあって，そこに何か，ただ集まってるだけじゃだめだから，そこに一緒に共有できるものがあったりですね，それを使ってなんかしようってできるんじゃないのかなぁ．	分 健康日本 21 を連携の機会を継続するために利用
1	あの，連携についてなんですけどぉ，公民館が本当に赤ちゃんからお年寄りまで，いろんな教室をやっていて，サークルがあるもんですから，いろいろ趣味のことですとか，スポーツのことなんかもやっているものですから，公民館のそういう活動と何か健康作りだとかっていうところで，連携がとっていけるといいなぁって，そういうふうに思うんですけれど．	反 3（公民館）明らかな反対ではないが肯定ではないような反応（下を向いたまま） 分 地域拠点としての公民館の活用
9	あの，スポーツの関係から言わせていただきますと，いいことはみなさん知っていると思うんです．スポーツをすると体に良いっていうことは．けど，こっから上だけ（首の部分に手をやる）で知っていて，体は知っていない．ですから，一つの例ですけれど，70 歳位の方なんですけれども，トレーニングを始める前では，階段を上れなかったと，ほとんど，で，ちょっとやってみたら，この間はあそこまで散歩に行って来たよって話に出てくるんです．実際，経験をしてみる，やってみる，そういう場をなんとか設定できれば．良いのは分かっている，だけれども，実際，体って正直で，実際に自分がいい思いをすると，体がいい思いをすると，やっぱ，続けてやれるようになるんですね．ですから，そこのところを…．まぁ，行政の立場の方にお願いするとすると，俺がお願いしちゃいかんか，そういう経験できるような条件を作っていく，今，自分がやっている教室なんかで言いますと，人数少ないんですけれども，バレーボールやるなり，卓球やるなり，バドミントンやるなり，大笑いをして皆さんとやっているんです．そうすると，大笑いするって楽しいじゃないですか？ 楽しいから次の週も必ずやって来てくれる．僕の心配するのは，帰り際にあんまりいい思いじゃなくて，帰られた方がもしいるとしたら，次は大丈夫かなって心配するんですけれども．本当にいい思	反 全員肯定（笑い） 分 「やってみる」場の確保 分 「楽しむ」場の提供

発言者	内 容	反反応 分分析
9	いをして，また次回に…．スポーツは一回やればいいってもんじゃないですから，そういう継続性のある思いをしていただけられる，そんな運営っていうのができていけばいいなぁっていう風に思いますけど．	反 全員肯定
3	あのぉ，やや本質から外れているかもしれないけれど…．厚生労働省の健康日本21ではお酒とタバコは同列に載っているんですよねぇ．ところが，お酒は実は，「百薬の長」の量があります．それは比較的参考資料の中で取り上げて，根拠になっているデータが載せてあるんですけれども，お酒は適量を飲めば，いろんな病気の発生率が減るっていうのが結構あるんですよね．しかも，命が延びる．で，まぁ，ですが飲みすぎると，命を縮めることと，他の害があるものの，害が結果的に強まっているってことですね．おのずと，適量がある．適量としてはビールだったら一日1本，日本酒だったら一合．男性は一週間に3日まで，女性だったら一週間に1日か2日まで．これは一番，統計上命を延ばしている．ですが，日本人は非常に個人差が大きいから，あくまでも自分の適量にしなくちゃいけないんですけれど．あの，お酒は適量がある．なんですよね．タバコには適量がなくって，吸えば吸った分だけ命を縮めるわけで，周りの人の命も縮める，心筋梗塞の発生率を周りの人も上げるし，それからそういう人がいたら，周りの人に肺がんを作っているということなんですよね．お酒については，いい面はあまり隠し過ぎないように，あのぉ，ということは配慮としているんじゃないのかなと思いまして，この根拠は載せてあります．ちなみに，私の飲酒の適量は0です．あの，アルコール分解酵素欠損だから，まったく飲めないんですよ．ですから，ここに載っているのは純粋に医学的事実です．	反 全員肯定
司会	たくさんの貴重なご意見，ありがとうございます．いかがでしょうか，お時間も迫ってきましたけれども，何かこれだけは言い残しておきたいとか…．はい，8番さんどうぞ．	最後に言い足りなかったことを必ず聞くこと
8	お話をずっと伺っていて，私自身もいずれの子どもであっても，障害者であっても，お年寄りであっても，やっぱり最後まで自立して生きることと，それから社会と調和して生きることが出来ることが一番望ましいかなって思うんですね．で，そのためにどうしたらいいかって，子育ての段階から，私自身が反省しなくてはいけない，過保護，過干渉で，子育てを失敗してきてしまっただとか，そういうことがないように，もうちょっと方法論が具体的にこう，提示できるような，保健師さんは子育て，お母さん方へのアドバイスに具体的な方法論，病院の私達は障害者が自立して，社会で，家庭で生活できるために，どういう方法論が与えたらいいかっていうこと，本当に今までの体験では，いろんな今ある資源，関係機関との協力がやっぱりものすごく大切だと感じるものですから，あんまり今までここの施設はこうでなければいけないだとか，規則に縛られた中だと，あんまりうまくいかないっていうことがあるもんですから，そういうのが，何か，自由に…取っ払うことはできないかもしれませんけれども，一人一人の人を大切に考えて，少し自由自在に何か出来ていければいいなぁ，感想といいますか，そんなことを感じています．	反 全員肯定 分 社会との調和 分 共有の場の設定
司会	そのためには今まで以上に共同して何かをするような，先ほどの4番さんのお話のような連携を取ってやれるような場をきちっと設定するということですね．共有の目標をもって，おのおの何ができるかを明らかにしながら，対策を作っていくことですね．他に何かありませんか？　せっかくのチャンスなので，このプランの中にいろいろ盛り込んでいこうと思います．今すぐにできなくても，将来はこうなったらいいんじゃないかということも含めていかがですか．	複数の発言の関連性を明確にして次に展開する 反 全員肯定

発言者	内　容	反反応　分分析
9	また，スポーツの立場から言わせてもらいます．先ほど，公民館の話がでましたけれど．よその市を言っちゃいけないんですけれど…．よその市は大きな体育館が市内に，北部だとか中央だとかで，なんだか4つだかって言うんです．まぁ，アリーナほどではないんですけれど，まぁ，市の体育館ほどの体育館なんですけど．各町内にそういった体育館だかがあるのは，当市だけなんです．だけじゃない，そっちにはない．こちらの当市には各町内，公民館，施設体育館が必ずありますよね，その公民館に施設体育館があるのが当市の特徴であって，それはとってもいいことではないか．その体育館の活用ね，スポーツの立場から言わせてもらうと，ああいった，エアロバイクだとかそういうったものが，各公民館にあって，仕事帰りにちょこっとよって，バイクに乗って，少し体を動かして帰っていく．変な話ですけれども，アリーナだけにクラリーノが，何百万，何千万かかったものが置いてあっても，じゃあ，市の西の人はどうすんだ？　わざわざ駅超えて向こうまで行くのか？　それは現実的には不可能ですよね．ですから，立派なの一つというよりも，それぞれ皆さんが使いやすいものが，各町内，各地域に必ずある，っていうそういう条件がそろうっていうことが，スポーツの普及，ひいてはさっき言った，楽しく生きるということの条件になると思います．先ほど言いました，地域の体育振興課なんかもそういう，発想でできていると思うもんで，せっかく当市の公民館というすばらしいものがありますし，各小学校の体育館，グランドを解放をしてる小中学校．開放しているっていうことも大変スポーツの発展にいいことですから，もっとそれを，それを住民本位，住民参加の形で活用できるような，そういったシステムをもっと，もっと．器はかなりできていると思うんですよ，当市．ですから，それを，さっきの森の石松じゃないんですけれども，今度は次郎長さんの様に出てきてがっと持ってこれるような，あの，そんな形でできてくればいいんじゃないかなって思います．	反全員肯定 分中核拠点の充実より身近な施設機関の整備を
1	あと，それに付け加えて，当市内のある地区なんですけれどねぇ，それこそ公民館の体育館で，赤ちゃんからお年寄りまで，だれでも地域の人，皆で楽しく触れ合おうっていうことで，初めて集まったところがありまして，地区社協の方だとか，ボランティアさんの方が協力してくれて，本当に赤ちゃん持っている人から，中学，小学校，お年寄りから全員集まって，何してたかっていうと，輪になって，みんなでこうだ，ああだと話したということがあったんです．で，初めての試みだったんだけれど，すごく楽しく，できて，あのやっぱり，皆って話を聞きたい，話を聞いてもらいたいとか，そういうニーズっていうか，やってよかったっていう声を多く聞かれたことで，やっぱり世代を超えたそういう触れ合いの場っていうのかな，そういうのがものすごくいいなって思って，お年寄りもすごく，赤ちゃんとか小さい子といるとニコニコしたりとか，いい表情で，地域ぐるみのそういう活動が，健康作りにつながっていくといいなぁって思っています．	反全員肯定 分身近な触れ合いの場の整備
司会	結局地域でのサテライト的なもの，地域のコアで作っていくってことですねぇ．はい，ありがとうございました．	キーワードを使い，端的に要約する
10	今，公民館でのお話，施設の体育館があるってこともあると思うんですが，そういうことで，中学のところで今，血圧計とか体脂肪計とか，簡単にやれるようで，時々健康週間みたいな時に，保健室で自由に体重を測ったりして，子ども達は非常に関心を持っていますので，どこの体育館へ行ってもちょっとこう，測れるものがあると，健康作りにねぇ，関心を持つ，自分のものについて，まぁ，数値は正確ではないかもしれませんけど，まぁちょっと測ってみる気持ちなんかも，そういうところでそろえていただけば，いつ行ってもやれるなって，そういう感じで是非ね，公民館なんかを巻き込んで，地域に下ろすといいんじゃないかなぁと思います．	分身近な機関の環境整備 反全員肯定

発言者	内　容	反 反応　分 分析
4	えーっと，あのぉ，今言われたように，一つの試みとして，病気を少なくしていこう，というよりは，生活のリスクですね，生活習慣のリスクとか危険因子，生活習慣とかを改善するような，目標設定が一つ大きくあるのと，もう一つ今言ってたのは，例えば会話をするとか，もうちょっとメンタル的なものになっちゃうかもしれませんけれど，病気として考えたら，会話をするとか，人と触れ合うというか，集約すれば楽しく生きるというような，そういうもののアンケート項目と，両方出していくと，今まで国が出していた，まぁ国が出しているのは生活習慣病だけですから，そういう項目をプラスアルファしていくと，面白いアンケートになって，まぁ，一つ，それが当市の特徴となるわけではないけれど，浜松はそういう部分も考えた，目標設定にしましたよって言うことは，当市の特徴になると思うんで，その，地域の特性がそうなんだからっていうんじゃなくて，だからそんなのを…，今回はアンケート項目をどうするかっていうようなことも，アンケート項目にどういうような項目選ぶかっていうことの，選ぶ目標設定をどうするかってことから考えると，ちょっと2面的な要素を加えると，今日の話を聞いていると，僕がまとめるんじゃないですけれど，いいんじゃないかなぁという気がします．	反 全員肯定 分 生活リスクの軽減のための項目，楽しく生きるための項目
司会	ありがとうございます．しっかりと全体をまとめていただきまして(笑)．今回は，グループインタビューという形で，大変貴重なご意見を多数いただくことができました．皆さんプロフェッショナルとして，これからも，当市の保健医療福祉のサービスにかかわっていかれるわけです．また，いろいろなことでお伺いしたりお願いしたりすることもあるかもしれません．今回を一つの契機に，今後ともこのような連携を取る機会をどんどん作っていきたいと思います．これで本日は閉会に致します．お忙しい中，お時間をいただき本当にありがとうございました．	最後に簡単に要約するのが一般的である．今回はメンバーの最後の発言が要点になっており，その場合は繰り返す必要はない 後にコンタクトをとる可能性のあることを伝えておく

完成報告書

健康日本21策定に向けての専門職に対する
グループインタビュー報告書

○○○○保健センター　○○課

目　次

　　　　　　　　　　　　　　　　　　　　　　　　　　　　　　　　　　　　ページ

Ⅰ．実施概要 ……………………………………………………………………………… 2（114）
　　1．日時 ……………………………………………………………………………… 2（114）
　　2．場所 ……………………………………………………………………………… 2（114）
　　3．目的 ……………………………………………………………………………… 2（114）
　　4．対象 ……………………………………………………………………………… 2（114）
　　5．実施分析担当者 ………………………………………………………………… 2（114）

Ⅱ．インタビュー結果報告方法について ……………………………………………… 2（114）

Ⅲ．インタビュー結果 …………………………………………………………………… 2（114）

　　1．当市の特性 ……………………………………………………………………… 2（114）
　　2．健康日本21策定に向けた調査に必要な項目 ………………………………… 7（118）
　　3．健康日本21推進のための環境整備 …………………………………………… 10（121）

Ⅳ．専門職が考える「健康日本21」の展開方策の要約 ……………………………… 13（123）

　　1．当市の地域特性を踏まえたニーズ調査の必要性 …………………………… 13（123）
　　2．調査項目 ………………………………………………………………………… 14（124）
　　3．健康日本21推進のための環境整備 …………………………………………… 15（125）

健康日本 21 策定に向けての専門職に対するグループインタビュー報告書

Ⅰ．実施概要
1. 日時　平成○年○月○日（○）　13：30〜15：30
2. 場所　○○保健センター
3. 目的　（1）当市の地域特性の把握
　　　　（2）健康日本 21 策定に向けての市民アンケートの項目抽出
　　　　（3）環境整備の方向性に関する各種専門職の意向
4. 対象　当市内勤務の保健・医療・福祉・教育関連専門職 10 名
　　　　（1）保健師（子どもから高齢者まで健康増進を担当する主任クラス）
　　　　（2）訪問看護師（訪問看護ステーション管理者）
　　　　（3）医師（生活習慣病，産業保健，臨床などの専門家）
　　　　（4）歯科医師（公衆衛生，地域歯科医療の専門家）
　　　　（5）精神保健福祉士（地域の精神保健担当）
　　　　（6）栄養士（地域の栄養改善活動担当者）
　　　　（7）ケアマネジャー（ホームヘルパーの資格を持つ臨床経験者）
　　　　（8）医療ソーシャルワーカー（障害児者在宅支援担当の一般病院勤務経験者）
　　　　（9）運動療法士（地域の健康づくり運動担当者）
　　　　（10）養護教諭（小中学校養護教諭経験者）
5. 実施分析担当者
　　○○○○（○○保健センター○○課）
　　○○○○（○○保健センター○○課）
　　○○○○（○○保健センター○○課）
　　○○○○（○○保健センター○○課）

Ⅱ．インタビュー結果報告方法について
　　本報告書は内容分析法及び記述分析法を用い，発言内容の裏付けのために一部既存の疫学データを追記した．

Ⅲ．インタビュー結果
1. 当市の特性
　（1）地域差が大きい
　　当市は明治 44 年に市制施行となった後，平成 3 年○村が加わり現在に至るまで 6 回の町村合併を経ている．そのため市の面積は広く，産業なども多様で，都市部と農村部が存在するという地域差の大きいことがあげられた．平成 12 年度統計によると，当市の総面積は 256.74 km^2，総人口 567,572 人となっている．施策策定には市全域をひとまとめに考えるのではなく，それぞれの地域特性を踏まえる必要性が述べられた．

　「当市駅周辺の街中はひとり暮らしの高齢者が多くて，閉じこもり予防的なグループが

いくつかできたりしているところもあれば，街中を外れた田舎の方では，老人クラブがきちっとあり，保健師のかかわる活動も違ってくると思っています．」

「当市は中核市ですが，実際に見ると中途半端な都市ですね．もう少し小さいとやりやすい．30万人ぐらいの人口だと．50万，60万人の人口というのは，区を作るわけにもいかないし，地域保健をやるなかでもちょっと効率が悪かったり，距離があったり，中途半端な都市でどういったふうにしていくか…当市の中でも街中と郊外ではだいぶ保健についても違います．」

「当市の地方（郊外）はまだ農家，農村部という傾向が強く，私たちが指導をする時にいちばん気をつけなければならないのは，食事の摂り方にとても個人差があるというところです．今いちばん気をつけている部分は農村部ではどうしても田園地帯が広がっているので，主食のごはん（穀類）の摂取量が比較的多めです．お茶碗一杯という一杯が，いわゆる仏様のごはんのような山盛り一杯であったり，逆に中心部にお住まいの方というのは，本当に軽く一杯であったりと，一杯の基準が市内でもかなり格差があるというのが実状です．」

(2) 当市民の気質

当市民の気質の特徴として職人（企業人）気質があげられた．また"遠州森の石松"に代表されるような「やらまいか（やってみよう）」精神が尊ばれる一方，傍観者的な立場をとる者も多いことが述べられた．市内のサービスを提供する側には能動的な創始者や管理者がいる反面，サービス利用者の側には，積極的な者と受動的な者がおり，施策策定にはそれらを踏まえた市民のエンパワメント（市民自らが問題解決の力をつけられるようにサービスを提供すること）を考慮する必要性が述べられた．

「当市の地域文化は職人文化が主体である．たとえば，凧祭りひとつとっても，凧祭りっていうのは，職人が凧を操るという同じ土俵で自分たちの技術を競うお祭りだと．（技術を競うお祭りが）大半だということは，当市の特徴が職人文化だからです．」

「当市はどちらかというと大企業中心，職人といってもいいのか……，製造業絡みの大企業中心の4つか5つか……まあ，例えば自衛隊のようなものも企業と考えていただいていいですけど，街で聞くと何処で働いていますというのがですね，ヤマハで働いています，スズキで働いています，そういうので社会ができあがっている感じがします．」

「当市が例えば本田宗一郎に代表されるように，やらまいか精神が脈々と息づいているということは感ずることがあります．一般病院の創設者の健診とか，それから今の病院長の精神が何とか，とてもがんばろうという，患者様のためにがんばろう，という精神でやっているということを感じます．」

「患者側はどうかというと，わりあいそういう精神についてこられなくて，声をかけても「言ってくれなかった」「やってくれなかった」という感じで……何か要求してくるということが少ないのじゃないかと思います．」

「当市には非常に能動性のない，あなたまかせでいっさい周りから干渉せずに，周りに流される方が結構いる……うんと目立たない人が大勢いらっしゃるということを，特徴

として押さえておく必要があると思います.」

(3) 在宅福祉サービス,介護保険サービスに関する市民のとらえ方

　平成12年度から介護保険サービスが開始されたが,高齢者自身の戸惑いが少なからず存在することがあげられた.また市民のサービス利用状況では,街中では施設介護に依存的な反面,農村部では在宅介護が行われているがサービス利用を世間体のために引き伸ばしにして,高齢者のQOLを満たすように使われていないことが述べられた.平成11年度の調査ではホームヘルパーの利用率の幅が各行政地域毎では,65歳以上人口の0.3％から2.19％で,駅周辺の利用率が高く,デイサービスは1.06％から8.62％で,郊外での利用率が高いことが示されている.またサービス利用については,ホームヘルプサービスの利用率が全国平均と比較して低いことがあげられた.

「昨年度の12年4月から介護保険制度が施行されましたが,やはり制度と従来からの高齢者の考え方のギャップがあり,スムースに流れていないような感じがしております.」
「ホームヘルプサービスを受けていた対象は低所得層が非常に多かった.金銭的にも非常に慎ましやかな生活の中で,ホームヘルプサービスを利用していただいたというような部分があります.」
「当市は産業が発達していて,ホームヘルプサービスを利用するよりも,お金で解決する……病院の方,施設の方へ入れてしまってというのも変ですけど,事実当市は施設も病院も非常に多いですから.そういう絡みもあってホームヘルプサービスの利用率が低かったのではないかと思います.」
「街中ではできれば女性が介護以外のところで収入を得て,介護は専門家におまかせしたいなという意識が高いんじゃないかと思います.農村部に行きますと,まだまだ近所の手前もあり,嫁さんが看なければいけない,女性が看なければいけないというのが非常に強い地域もありまして,実際にホームヘルプサービスで初回に訪問してみますと,本当に悲惨な状況で寝かされていて,あるいは死ぬ寸前にホームヘルプサービスをやっと利用していただいて,何回か行くうちにもうその人の人生が終わってしまうというようなものもあります.」

(4) 未成年の大都市圏と類似した社会問題（薬物,非行など）と,親の家庭でのしつけの問題

　当市では全国的な傾向と同様,中学生になると不純異性交遊,覚せい剤,喫煙などの社会問題が顕著に増加する現実がある.平成12年度当市統計書によると当市では少年犯罪が年々増加し,平成11年には759件にのぼっている.親自身にも家庭での躾においての考え方の偏りがみられ,子どもたちにしてはいけないことをきちんと指導できていないという意見が述べられた.

「中学ではどうかなっていうと,エスケープ,ふらふらしたり,タバコを吸う.非常に心配なことがあります.」

「タバコの件ですが，これは中学生にも指導をしているのですが，家庭でも家なら吸ってもいいよってお父さんが言うとか，家で吸っていいけど外で買わないでねとか，なんだかちがうんじゃないって私も生徒たちに言っています.」

「覚せい剤も，東京で取締り，調べると当市から来た子ども．名古屋でも当市の子ども．当市は危険がいっぱいだよというふうに，話されまして，それでまた私びっくり驚いてしまいましたけれど……もう少し家庭の方でもね．家族がそうかそうかって聞いてあげるような対話なんかもどのくらい取っているのかが疑問です.」

(5) 子育てに関する親世代の不安
子育てに対して不安を持つ親（主に母親）が，少なからず存在することが述べられた．

「1歳半健診だとか，親子すこやか相談という事業で相談とかを受けますけど，お母さん自身が本当に育児について悩んでいることがとても多いです．ご主人が夜遅くまでお勤めをされていて，なかなかご主人にもお話ができないだとか．お母さんと子どもの二人だけの生活が街中だけではなく，田舎の方でもそれは同じで，お母さんからの赤ちゃんの健康相談は何処に行っても多いです.」

「地域の中で，最近子育てグループというのがどんどん，増えています．NPOの子育てのグループがありまして，やはりそういう会をたちあげようという時に，15人定員ですけれども，100人近い電話があったそうです．結局60人ぐらいの応募があったということでした．お母さん自身も話し相手もあまりなく，家庭の中にいて，精神的な面もストレスを抱えていることをとても感じます.」

(6) 外国人労働者が多い
当市にはブラジルなどからの外国人労働者が多く，公立の施設サービス利用が積極的であることが述べられた．平成12年度統計では市内外国人総数は17,074人，総人口の3.0％，そのうちブラジル人が60.6％（10,341人）である．

「アリーナのトレーニング室，これは当市の特徴ですが，外国人の利用が大変多く，特に夜間にブラジルの筋肉マンのお兄ちゃんたちがやっています．かかる音楽はラテン系の音楽．その他の外国人の方のご利用も多くなっています.」

(7) 精神保健福祉の有機的なサポートシステムづくりの遅れ
第3次医療機関は整備されているものの，精神保健福祉については有機的なシステムにいまだ至っているとは言い難い状況があげられた．平成12年現在，当市の精神障害施設は，生活訓練施設（援護寮）1施設，通所授産施設1施設，グループホーム2施設，地域生活支援センター1施設で，合計5施設が存在する．

「当市の医療というのは全国屈指の充実度です．他の地域だったら，中央病院として唯一存在するようなレベルの病院が7つ，ないしは8つそろっている．これは特徴として

あげなければと思います.」

「5年前，精神保健に関する施設はまったくなかったし，あっても，しっかりとした活動がされてなかったという状況があって，これはいけないと思いました.」

「精神保健福祉において，5年前とこの春までの違いというのが，5年前というのは地域の中で，精神障害者を排除するという，差別偏見という問題は払拭できるものではありませんでした．しかしこの5年間に変わってきたのは，この障害者の人と地域の中で何とか暮らしていくためにはどうしたらいいですか，というような相談がでてきた．反面最近でも病院建設について地域の住民の強い反対があり，偏見は他の町の問題ではないと感じています.」

(8) 生活習慣の特徴

生活習慣として喫煙，塩分濃度の高いものを好む傾向があることがあげられた．

平成12年度○県健康福祉部の「県民の生活習慣に関する調査報告書」による，市町村別の健康習慣に関する調査では，塩分摂取に配慮して薄味を心がけているかどうかの質問に対し，「心がけていない」という回答をした者の割合は，県全体では27.9％，当市は29.4％であった．また，性別でみると男性で「心がけていない」と回答した者は県全体で39.5％，当市は44.9％と多く，県下市町村中第4位であった．女性については県全体よりも低値であった．喫煙に関して「毎日吸っている」割合は県全体が29.9％，当市32.2％で，県下市町村の16番目に多い．特に当市は女性の喫煙者で毎日吸う者が多く，県下市町村中第10位である．

「当市の塩分摂取量は東北に匹敵するか上回っている．塩分摂取量がよそに比べて極めて多い，だけれどもそれが意外と知られていないということがある.」

「世界的に禁煙への行動変容というのは5段階に分類されていて，第一段階が禁煙に対して関心がない未企画期（無関心期）．次がいろいろ策を練る企画期．それから準備期に入り，実行期の時期，維持期に至るのが一般的です．しかし実際に当市で禁煙指導をして気がついたことは，この未企画期の中をさらに三つに分けなければ実際的ではないということです．つまりこの禁煙指導に関しては未企画期を喫煙推進派，その次が頑固喫煙派，三番目が世間一般で言われている喫煙無関心派の三派に分ける必要があります．喫煙推進派は，当市で目立つタイプ．その次が，断固喫煙派.」

「当市では歩行喫煙者等が非常に多いものですから，当市で調査をしてみると，非喫煙者のほとんどは受動喫煙者となっている．ですから受動喫煙ですでにタバコの害は発生している」

2. 健康日本21策定に向けた調査に必要な項目
(1)「健康な生活習慣」と「生活の質QOL」

大枠として，「健康的な生活習慣ニーズ」と「生活の質QOLニーズ」に関連する項目の両者を取り上げる必要性が述べられた．

「ポイントとしてはまず，生活習慣病を撲滅すれば，医療費が下がる方に向くだろうという予想と，ご本人の苦痛がなくなる，QOLが非常に改善するだけでなく，家族の負担も減るという，この2つを強調したいと思います．」

「ただ生きているだけじゃなく，生きている実感を味わいながら，自分の人生を楽しく生きていくためには，自分は本当に何が楽しみなのかっていうことを，きちん見つけられる，それが大事なんじゃないのかと思います．」

(2)「健康な生活習慣」に関する項目

日本人の三大死因のがん，心疾患，脳血管疾患を考慮し，塩分，栄養，休養，喫煙，飲酒，運動，生活リズムなどの項目について，他地域との比較が可能な標準化された項目を採用することがあげられた．

「アンケート項目は例えば以下の項目を加える必要があるだろう．①禁煙者には積極的にタバコを勧める，②未成年者にもタバコを勧めている，③禁煙区域でもタバコを吸う．それから④禁煙を勧められると腹が立つ，⑤タバコのよさを是非みんなに伝えたい，⑥マスコミなどでタバコの害を言われるのは非常に腹がたつ．これに類することを入れないと，当市での喫煙者の実態は浮かび上がってこないと思います．」

「当市では歩行喫煙者等が非常に多いものですから，調査をしてみると，非喫煙者のほとんどは受動喫煙者になっている．ですから受動喫煙ですでにタバコの害は発生しているから，タバコで害のある人たちを基準にタバコの害を調べたのでは，喫煙の直接の害が過小評価される可能性が極めて高いだろうと思います．」

「病気を少なくしていこう，というよりは，生活のリスク，すなわち生活習慣のリスクとか危険因子，生活習慣とかを改善するような，目標設定ができる項目．」

(3)「生活の質QOL」に関する項目

「QOL」関連項目は，「楽しく生きるための健康」ということに関連する項目（社会参加，他者との交流，余暇時間，趣味，社会との調和，人生の充実感，満足感，安心感）につながる項目を採用し，当市の特色を出すことがあげられた．

「例えば会話をするとか，人と触れ合うというか，集約すれば楽しく生きるというようなアンケート項目」

「QOLのアンケート項目と，生活習慣の項目の両方出していくと，今まで国が出しているのは生活習慣病だけですから，そういう項目をプラスアルファしていくと，面白いアンケートになります．当市はそういう部分も考えた，目標設定にしましたよって言うことは，当市の特徴になると思います．」

(4)「ライフステージ」にあわせた項目

子ども（保護者を含む）から高齢者まで，すべての年代階層にわたりライフステージに応じたニーズ，ストレスの状況，日常的あるいは緊急時のサポートなどを，イン

フォーマル及びフォーマルの両側面から把握し課題を明らかにすることがあげられた．

「生活の質，quality of lifeですか？　それに着眼したいなと思います．そして高齢者の方を見ましても，やはり，どういうふうに生活をしている，どういうふうにいい生活をするか，ということが大事だと思います．」

「グレーゾーンとかホワイトゾーンのということからですけれども，それぞれの乳幼児期からとか，学童時期とか，ライフサイクルに応じた生活に着眼点においた，食生活ですとか，それから人間関係ですとか，そういうものを項目の中に入れて，是非作っていきたいなと思っています．」

「特に小学生，中学生，特に睡眠時間が夜型で12時過ぎても起きている．なんでそんなに遅かったの？　と聞くと，家中が起きていたから．保健室では不定愁訴で，熱はないけど気持ち悪い，頭が痛いと訴える子が多い．生活習慣病は学校教育の中に入ってきているし，小学3年生から高校3年生まで，系統的に指導していく．文部科学省からも施策を出していますので，当市にはやってもらいたいなと思います．」

「視覚障害者ですと，視覚を失っただけでもう足はちゃんとあるのに歩けなくなっちゃう．外に出ていかれない．だから，視覚障害者になった時，日常生活訓練をする場所があるかというと，それは非常に少ない．当市でも，視覚障害者になると，途方にくれて，家に閉じこもっちゃって，「死んだ方がましだ」という結果になる患者さんが大勢います．外へ出て行けることが楽しく暮らしていける第一歩なんじゃないかなと思いますから，病気を持ちながら，障害を持ちながらどういうふうに暮らしているか，すごしているか，ということをポイントとしてあげたいと思います．」

「高齢者を見ていましても，高齢者を取り巻く，お孫さんとの関係，お嫁さんとの関係とか，本当に十人十色，様々でございます．寿命をよりよく全うするためにどういうふうにかかわりを持てばいいのかを聴く項目が必要だと思います．」

「子どもに関して，人とのかかわり方を学ぶにしても，それはやはり小さい時からの教育，家庭での教育，学校での教育だと思いますので，心の問題もアンケート項目に取り上げてっていただきたいなと思います．」

「健康を考えるには個人でできることと，もう一つは環境を整えることっていう周りの部分です．個人でとかある程度の集団についていえば，田舎はすぐに地域でできますけど，それができにくい条件もあるので，周りからそれをサポートしていくような，環境サポート面の項目とか，例えばいろんな団体がそういうことをやっていくかという設定項目．」

(5)「市民をエンパワメントする方向性」を見出す項目

市民をやる気にさせるにはどうしたらいいのかを示唆する項目を入れる．価値観の優先度，生活様態，いくつまで生きたいか，どのようなサポートが必要か等，ウェルビーイング（生きがいを持ってより良く生きる．自己実現）に結びつく幅のある質問項目にする必要性が述べられた．

「僕は楽しく生きる，そのために何が必要なのか，と．死ぬのは死ぬんですよ皆．長生きするのが本当にいいのか？　今これだけ日本の寿命が世界一になって，お年寄りが増えてっていう社会になって，それはそれでしょうがないのだけど，そしたら，さらに寿命を延ばす対策が必要なのかどうか，市民に問いかけていく必要があると思う．」

「やはり当市は都市化している部分が大分大きいからこそいろいろ出てくる意見があると思います．当市の特徴，都市型の健康日本21を考えていったらどうか．今の健康日本21に出ている項目全体はほとんど個人に何しなさい，専門職は何しなさい，っていうだけで，社会は何しましょうというのをほとんど入れていない．」

3. 健康日本21推進のための環境整備
（1）公的・民間の施設機関，団体すべてのディスカッション
　　市民をエンパワメントする環境を整えるために，広義の「健康」に関連する公的・民間の施設機関，団体すべてより，まず自ら今後実施可能なことを出し合う．それらを統合して過去の枠組にとらわれない形で今後の対応の可能性を整理する必要性が示された．

「例えばいろんな団体が自分たちはこのようにやっていくという提案を出すとか．例えば養護教員のグループはどういう活動をしていこうなど，医師会はどういうサポートが必要かとか．」

「当市の場合は例えば，タバコに関していったら自動販売機の数を制限しましょうとか，条例で数を決めましょうとか考えていったり，もちろんアルコールに関しても，もっと厳しく販売の時には必ず年齢，身分証を見せましょうというような．そのような環境を整えるようなことをした方が意外と健康度があがるんじゃないのかと思います．」

「こういうディスカッションしているの中で専門分野の人たちがそれぞれの段階から健康に対して，何ができるのか，例えば旅館業会の人だったら，当市のちょっと薄味の料理の勉強会をしましょうとか，いろんな人が健康にかかわっていると思う．道路，道作っている人にしたって，公園作る人にしたって，それなりのそういう環境の自分たちでいかに作って整理していけるかを考える必要があると思う．個人にひとりずつこうしてやっていくというのは，大きな集団を対象とするだけで環境抜きで仕事をしていると，非常に苦痛を感じることの方が多い．」

「行政サイドからの施策を進めていくのも必要だと思うし，そういった施設，指導者，それから回りの環境もあると思うんです．企業のタイアップ，仕事休みだけれども9時まで残業みたいになっていたらできませんし，日曜日も出勤になっていたときにはできませんし，そういったいろいろな，もろもろのものをもって楽しく生きる，そういった面も当市にもきちんとできてくればいいと感じました．」

（2）目標の共有化－ツールの共同開発－
　　目標の共有化を図り，上記のディスカッションに基き実際に稼動可能な部分から手順を整理し，新しいシステムを作り上げること，健康行動変容ツールなどの共同開発の必要性が述べられた．

「周りのいろんな団体が行動変容を起こすようなツールを作って，それを商品化して，それを提示してやっていくぐらいのものをやらないといけない．」

「感染するような病気とか意外と予防接種をするツールがあって，動きやすい．で，生活習慣病は，ある部分は非遺伝的な因子で，環境と遺伝のバランスから考えてみると，例えば日本人は比較的脳血管疾患のリスク，欧米人は心臓病のリスクが高い．そういう生まれ持った部分が結構あると思うので，なかなか健診から行動変容を起こさないのが実際やっていての実感です．」

「ツールを作っていかなかったら，ただ号令だけで終わっちゃうような気がして．そのなかでも，予防できるものに対してのツールですね．タバコなど確かにそうです．がんや循環器疾患をなくすというより，ある部分を減らすことに関するツールが必要だと思います．そういうツールを商品開発みたいなのをしていくのを，市が作ったり，いろんなところの人が作ったりしていくような，行動変容ができるような，啓発事業っていうようなものに，変えていく必要があると思う．」

「集まって，知恵を出し合って，当市版の禁煙なんとかとか，飲酒なんとか…，っていうのをぽんぽん，ぽんぽん出していって，常に目をそういうところに持たせるような….ただ一回いわゆる集団的な健康教育を行うのは，ナンセンスだっていうことが十分分かっている」

(3) 定期的な情報交換の場

定期的に健康日本21の関連施設機関が，情報交換する場を作る必要性があげられた．

「お互い意見を出し合うような場があっても，施策だけが目標ではないはずです．いろいろな所で交わる，連携をこの機会に持てるようになったっていうだけでもとても健康日本21の意味がある．」

「いろいろな関連機関が社会参加の意味で，予算もなく，こんな安上がりで，本当に格好よく，地域参加って言っているけれども．安上がりが一番いいっていうこともあって，そこに何か，ただ集まっているだけじゃだめだから，一緒に共有できるものがあったりするといいと思う．」

(4) 地域に密着したサテライト型のシステム

市民の広義の「健康」をエンパワメントするシステムとして，地域に密着したサテライト型（公民館等の活用を含む）を基盤とする．住民の身近で，多様な機能を持ちつつ柔軟に富む対応の可能な施設機関の設置の必要性があげられた．

「当市には各町内，公民館，施設体育館が各地区に必ずありますよね，その公民館に体育館があるのが当市の特徴であって，それはとってもいいことではないか．」

「公民館の話がでましたけれど．よその市を言っちゃいけないんですけれど….よその市は大きな体育館が市内に，北部だとか中央だとかで，なんだか4つだけって言うんです．アリーナほどではないんですけれど，市の体育館ほどの体育館なんですけど．各町

内にそういった体育館があるのは，当市だけなのです．」
　「その体育館の活用，スポーツの立場から言わせてもらうと，ああいった，エアロバイクだとかそういうったものが，各公民館にあって，仕事帰りにちょこっとよって，バイクに乗って，少し体を動かして帰っていく．」
　「変な話ですけれども，アリーナだけにクラリーノが，何百万，何千万かかったものが置いてあっても，じゃあ，市の西の人はどうすんだ？　わざわざ駅超えて向こうまで行くのか？　それは現実的には不可能です．ですから，立派なの一つというよりも，それぞれ皆さんが使いやすいものが，各町内，各地域に必ずある，っていうそういう条件がそろうっていうことが，スポーツの普及，ひいては先程言った，楽しく生きるということの条件になると思います．」
　「各小学校の体育館，グランドを解放している小中学校．開放しているっていうことも大変スポーツの発展にいいことですから，もっとそれを，それを住民本位，住民参加の形で活用できるようなシステムにしていく．当市は器はかなりできていると思うんです．」
　「公民館でのお話，施設の体育館があるってこともあると思いますが，そういうことで，中学のところで今，血圧計とか体脂肪計とか，簡単に測れるようになっており，時々健康週間みたいな時に，保健室で自由に体重を測ったりして，子どもたちは非常に関心を持っています．どこの体育館へ行ってもちょっと測れるものがあると，健康づくりに関心を持つのでは．数値は正確ではないかもしれませんけど，ちょっと測ってみる気持ちなんかも，大事です．公民館なんかで道具をそろえていただけば，いつ行っても測れます．是非公民館などを巻き込んで，地域に健康維持増進の道具を整備するといいと思います．」

(5) サテライト型システム同士の連携
　上記サテライト型システム同士が，有機的に連携し，かつ住民が利用しやすいよう情報システムなどを整備する必要性があげられた．

　「連携についてなんですけど，公民館が本当に赤ちゃんからお年寄りまで，いろんな教室をやっていて，趣味やスポーツなどのサークルがありますから，公民館のそういう活動と何か健康づくりとの，連携がとっていけると思います．」
　「公民館の体育館で，赤ちゃんからお年寄りまで，だれでも地域の人皆で楽しく触れ合おうっていうことで，初めて集まったところがあります．地区社協の方だとか，ボランティアさんの方が協力してくれて，本当に赤ちゃんのいる人から，中学，小学校，お年寄りから全員集まりました．何をしたかって言うと，輪になって，みんなでこうだ，ああだと話しました．とても楽しくできて，地域ぐるみのそういう活動が，健康づくりにつながっていくといいと思っています．」

Ⅳ．専門職が考える「健康日本21」展開方策の要約
1．当市の地域特性を踏まえたニーズ調査の必要性
　グループインタビューによる調査の結果，健康日本21の策定に向けてのアンケート

項目には，当市の地域特性を加味した住民のニーズ調査の必要性があげられた．考慮すべき地域特性は，以下の7点である．
(1) 地域格差．特に企業が多い駅周辺の中心部と，郊外の農村部との生活環境の格差への考慮は重要である．
(2) 当市民の気質．「やらまいか精神」に代表される能動的な精神が尊ばれる半面，傍観的な立場をとる者も多いことについての考慮が必要である．
(3) 在宅福祉サービス，介護保険サービスなどの公的サービスに対する市民のとらえ方．市の中心部ではサービス利用についての抵抗感がないが，農村部ではまだ世間体意識が強く，サービスがQOLを満たすように使用されない現状を考慮する必要がある．
(4) 未成年の大都市圏と類似した社会問題と，子育てについての親世代の不安．少年犯罪や非行が大都市圏同様になっていると同時に，親のしつけの問題や親の育児不安についても考慮が必要である．
(5) 外国人労働者が多い．公的サービス利用のニーズについては，外国人も考慮に入れる必要がある．
(6) 精神保健福祉の有機的なサポートシステムの遅れ．第3次医療機関の充足度に比べ，精神保健福祉については施設の増加は見られているものの，精神障害者を地域社会の中でサポートしていく面については遅れていることを考慮する必要がある．
(7) 生活習慣の特徴．塩分摂取量，喫煙など当市民の生活習慣の特性を押さえることが重要である．

2. 調査項目

専門職のグループインタビューでは，「身体的な健康」を考えるだけではなく，「生活の質QOL」を加味した内容を取り入れる必要性が述べられた．
調査に入れるべき項目について，以下の4点があげられた．
(1) 「健康な生活習慣」に関する項目．日本人の三大死因を考慮した項目で，かつ他地域と比較可能な標準化された尺度などを用いる必要性がある．
　　・塩分　・喫煙　・栄養　・休養　・運動　・飲酒　・生活リズム
(2) 「生活の質QOL」に関する項目．「楽しく生きるための健康」に関連する項目を採用し，当市の特色を出していく．
　　・社会参加　　・他者との交流　・余暇時間　・趣味　・社会との調和
　　・人生の充実感　・満足感　　　・安心感
(3) 「ライフステージ」にあわせた項目．子どもから高齢者まで，インフォーマル，フォーマルの両面から，すべての年代階層，健常者から障害者までにわたる項目を入れる必要性がある．
　　・ストレスの状況　・日常生活サポート　・緊急時のサポート
(4) 「市民をエンパワメントする方向性」を見出す項目．どのようなサポートが必要か，ウェルビーイングに結びつく幅のある質問項目が必要である．
　　・単に寿命を伸ばすことのほかに，楽しく生きることへのニーズ

・どのような環境があれば，いきいきとした健康な生活が可能なのかに関するニーズ

3. 健康日本21推進のための環境整備

（1）関連機関全体でのディスカッション
　市民をエンパワメントするために，過去の枠にとらわれない，広義の「健康」に関連する公的・民間の施設機関，団体すべてより，今後実現可能なことを出し合い，それらを統合して市民へのサービスに結びつける．

（2）関連機関全体の共通目標の設定
　関連機関で目標を共有化し，新しいシステムをつくりあげていく．また，健康行動変容ツールなどの共同開発を行う．

（3）関連機関全体の定期的な情報交換
　公的・民間の施設機関，団体すべてが，定期的な情報交換を行っていく．

（4）市民の身近でのサービス提供の必要性
　地域に密着したサテライト型（公民館の活用を含む）を基盤とし，市民の身近で，多様な機能を持ちつつ柔軟に富む対応可能な施設機関の設置をしていく．

（5）サテライト型システム同士の連携
　サテライト型システム同士が，有機的に連携し，かつ市民が利用しやすいように情報システムなどを整備する．

＜参考文献＞
1) 平成12年度　当市統計書
2) ○○　ある地域内における高齢者の社会サービス利用の格差とその要因　平成11年
3) ○県健康福祉部　県民の生活習慣に関する調査報告書　平成12年3月
4) 友愛の保健・福祉ガイドブック　平成12年度版

要約報告書

健康日本21策定に向けての専門職に対するグループインタビュー要約報告

担当者　〇〇〇〇

Ⅰ．実施概要
1. 日時　平成〇年〇月〇日（〇）13：30〜15：30
2. 場所　〇〇保健センター
3. 目的　健康日本21策定に向けての調査項目，当市の地域特性，環境整備の方向性等に関する各種専門職の意向を反映すること．
4. 対象　当市内勤務の保健・医療・福祉・教育関連専門職10名．

Ⅱ．結果要約
1．当市の特徴
（1）地域格差が大きい（都市部，農村部が存在）．
（2）当市民の特徴的な気質としては職人（企業人）気質．「やらまいか」精神が尊ばれる一方，傍観者的立場をとる者も多数いる．
（3）大都市圏と類似した社会問題（薬物，非行など）が存在する．
（4）外国人労働者が多い．
（5）第3次医療機関は整備されているものの，精神医療，予防サポートについては有機的なシステムにはいまだ至っているとは言い難い．
（6）生活習慣としては塩分濃度の高いものを好む傾向がある．

2．健康日本21策定に向けた調査に必要な項目
（1）大枠的には，「健康な生活習慣」と「生活の質QOL」に関連する項目の両者を取り入れる．
（2）健康日本21の目的に添った「健康な生活習慣」の項目（栄養，休養，運動，喫煙，飲酒，生活リズムなどの具体的な項目）を他地域との比較上，標準化された形で採用する必要がある．
（3）「QOL」関連項目は，「楽しく生きるための健康」ということに関連する項目（社会参加，他者との交流，余暇活動，趣味，社会との調和，人生の充足感，満足感につながる項目）を採用し，当市カラーを出す．
（4）子ども（保護者を含む）から高齢者まで，すべての年代階層にわたりライフステージに応じて，ニーズ，ストレスの状況，日常的あるいは緊急時のサポートなど，社会生活の状況を把握し課題を明らかにする．
（5）市民をやる気にさせる（エンパワメント）にはどうしたらいいのか，を示唆する項目を入れる．価値観の優先度，生活様態，いくつまで生きたいか，など，ウェルビーイングに結びつく幅のある質問内容とする．

3．健康日本21推進のための環境整備
（1）広義の「健康」に関連する公的・民間の施設機関，団体すべてより，まず自ら今後実施可能なことを出し合う．それらを統合して過去の枠組みにとらわれない形で今後の対応の可能性を整理する．
（2）目標の共有化を図り，上記内容に照らし合わせて実際に稼動可能な部分から手順を整理し，新しいシステムを作り上げる．健康行動変容ツールの共同開発など．
（3）定期的に関連施設機関が情報交換する場を作る．
（4）システムは，地域に密着したサテライト型（公民館などの活用を含む）を基盤とする．住民の身近で，多様な機能を持ちつつ柔軟性に富む対応の可能な施設機関の設置が望ましい．
（5）上記サテライト同士が有機的に連携し，かつ住民が利用しやすいよう情報システムなどを整備する必要がある．

索　引

ア
アシスタント　13, 28
あてはまる　34
新しいアイディア　49

イ
インタビュアー　13
インタビューガイド　51
依存性　10
一次分析　62

ウ
うまくあてはまる　64
うまくいく　34, 64
動き　47

エ
エティック・データ　4
エミック・データ　4
影響の受けやすさ　10

カ
科学的な根拠　1
科学的な分析　33
外的妥当性　35, 66
偏り　36, 68
活用性の視点　40
活用法　43
関係分析法　61
環境　2
観察者　28, 31
観察担当者　13

キ
きっかけ　47
記述　66
記述分析法　58
記録者　28, 30
基準　38
強調点　43
強烈さ　48

ク
クライテリア　38
クルト・レヴィン　2
グループインタビューの数　72
グループダイナミクス　1, 2, 11, 24
グループダイナミクス理論　11

ケ
研究デザイン　50
現実そのまま　1

コ
個人　2
個人間　2
個別面接法　6
行為　1
構想力　77
声なき声　77

サ
サブインタビュアー　13
サンプリング　4
サンプル・バイアス　8
再現性　33

シ
自己主張　10
質的研究の評価基準　38
社会的な影響性　11
主観的　65
集団凝集性　11
柔軟性　34, 64
重要アイテム　45, 54, 62, 69
重要カテゴリー　53, 56, 63, 69
準備チェックリスト　22
証拠　33
情緒的安定性　10
情報の引出し　1
信頼関係　2
信頼性　33, 38, 64

セ
責任性　8

ソ
創出型の情報把握　77
創造性　77

タ
他者への影響力　11
多角的な視点　39
妥当性　33, 35, 38, 64, 66
体系的な視点　39
対象の選び方　4
代表性　67

チ
逐語記録　30, 62
逐次観察の記録　62
調和性　11

ツ
つかまえる　34, 64

テ
提供情報　42
適合性　11

ト
ドロップアウト　36
到達点　42
導入　15
特異性　49

ナ
なまの声　1, 3
なまのデータ　46
内的妥当性　35, 66
内容　45
内容分析法　59
流れ　46

ニ
二次分析　62

ハ
場の理論　2
背景状況　1
範囲　48

ヒ
比較の視点　39
非言語コミュニケーション　71
非言語コミュニケーション分析法　61
非言語（的な）表現　12, 31, 32
筆記記録者　13
表現されなかったこと　49
頻度　48
敏感性　10

フ
フィードバック　56
フィードバックの視点　39
複合分析　56
分析困難　8

ヘ
平均型の情報把握　77

ホ
報告デザイン　51

ミ
道案内　24

メ
メンバー主体　1

モ
モッテユキカタ　41
目的　41

ユ
有意水準　4

ヨ
要旨分析法　60

ラ
ラポール　2

リ
倫理的（な）配慮　23, 38

A～Z
compatible　11
emic data　4
environment　2
etic data　4
fit　34, 64
flexibility　34, 64
grab　34, 64
interpersonal　2
intrapersonal　2
social power　11
validity　38
work　34, 64

【著者略歴】

安梅勅江
あんめ　とき　え

北海道に生まれる．
東京大学医学部保健学科卒業，同大学院にて保健学博士．
厚生労働省国立身体障害者リハビリテーション研究所，浜松医科大学を経て，現在，筑波大学大学院人間総合科学研究科教授．
国際保健福祉学会会長．日本保健福祉学会会長．
「ヒューマン・サービスにおける　グループインタビュー法 II／活用事例編―科学的根拠に基づく質的研究法の展開」
「ヒューマン・サービスにおける　グループインタビュー法 III／論文作成編―科学的根拠に基づく質的研究法の展開」
「エンパワメントのケア科学―当事者主体チームワーク・ケアの技法」「コミュニティ・エンパワメントの技法―当事者主体の新しいシステムづくり」「健康長寿エンパワメント―介護予防とヘルスプロモーション技法への活用」（医歯薬出版），「エイジングのケア科学」（川島書店），「子育ち環境と子育て支援」（勁草書房），「いのちの輝きに寄り添うエンパワメント科学―だれもが主人公　新しい共生のかたち」（北王路書房），「Empowering Frail Elderly People」（Prager）等著書多数．

ヒューマン・サービスにおけるグループインタビュー法
科学的根拠に基づく質的研究法の展開

ISBN978-4-263-23290-3

2001年10月30日　第1版第1刷発行
2020年10月10日　第1版第8刷発行

著者　安梅勅江
発行者　白石泰夫
発行所　医歯薬出版株式会社

〒113-8612　東京都文京区本駒込1-7-10
TEL.（03）5395-7618（編集）・7616（販売）
FAX.（03）5395-7609（編集）・8563（販売）
https://www.ishiyaku.co.jp/
郵便振替番号　00190-5-13816

乱丁，落丁の際はお取り替えいたします　　印刷・三報社印刷／製本・愛千製本所
© Ishiyaku Publishers, Inc., 2001. Printed in Japan

本書の複製権・翻訳権・翻案権・上映権・譲渡権・貸与権・公衆送信権（送信可能化権を含む）・口述権は，医歯薬出版(株)が保有します．

本書を無断で複製する行為（コピー，スキャン，デジタルデータ化など）は，「私的使用のための複製」などの著作権法上の限られた例外を除き禁じられています．また私的使用に該当する場合であっても，請負業者等の第三者に依頼し上記の行為を行うことは違法となります．

JCOPY ＜出版者著作権管理機構　委託出版物＞

本書をコピーやスキャン等により複製される場合は，そのつど事前に出版社著作権管理機構（電話 03-5244-5088, FAX 03-5244-5089, e-mail:info@jcopy.or.jp）の許諾を得てください．

安梅勅江先生の グループインタビュー シリーズ

ヒューマン・サービスにおける
グループインタビュー法
科学的根拠に基づく質的研究法の展開
- ■安梅勅江 著
- ■B5判 138頁 定価(本体2,600円+税) ISBN978-4-263-23290-3
- ●インタビューガイド,記録分析シート,完成報告書の例も収載.
  質的研究へのグループインタビューの活用法がわかる.

ヒューマン・サービスにおける
グループインタビュー法Ⅱ/活用事例編
科学的根拠に基づく質的研究法の展開
- ■安梅勅江 編著
- ■B5判 168頁 定価(本体2,800円+税) ISBN978-4-263-23424-2
- ●8つの事例を示しながら,「実施の背景,インタビューガイド,実施上の工夫,分析の実際,報告内容,可能性と限界」に整理して解説.

ヒューマン・サービスにおける
グループインタビュー法Ⅲ/論文作成編
科学的根拠に基づく質的研究法の展開
- ■安梅勅江 編著
- ■B5判 112頁 定価(本体2,600円+税) ISBN978-4-263-23538-6
- ●雑誌に掲載された論文を例に,論文の妥当性と信頼性を高める手法を解説.

安梅勅江先生の エンパワメント シリーズ

エンパワメントのケア科学
当事者主体チームワーク・ケアの技法
- ■安梅勅江 著
- ■B5判 136頁 定価(本体2,800円+税) ISBN978-4-263-23453-2

コミュニティ・エンパワメントの技法
当事者主体の新しいシステムづくり
- ■安梅勅江 編著
- ■B5判 172頁 定価(本体3,000円+税) ISBN978-4-263-23462-4

健康長寿エンパワメント
介護予防とヘルスプロモーション技法への活用
- ■安梅勅江 編著
- ■B5判 136頁 定価(本体2,800円+税) ISBN978-4-263-23498-3

医歯薬出版株式会社 〒113-8612 東京都文京区本駒込1-7-10 TEL03-5395-7610 FAX03-5395-7611 https://www.ishiyaku.co.jp/